AI 번역-포스트에디팅 전략

과학 기술 번역자가 생산성 높은 포스트에디터로 변신하는 법

과학 기술 번역자가 생산성 높은 포스트에디터로 변신하는 법

AI번역 포스트에디팅 전략

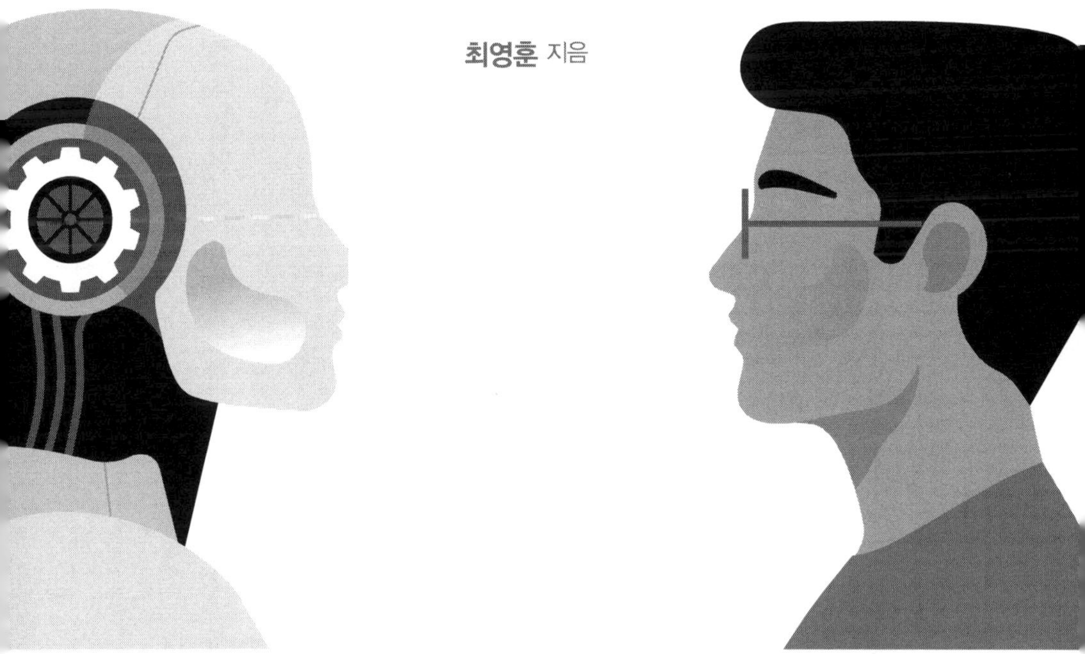

최영훈 지음

한국문화사

AI 번역-포스트에디팅 전략

과학 기술 번역자가 생산성 높은 포스트에디터로 변신하는 법

1판 1쇄 발행 2025년 12월 20일

지 은 이 | 최영훈
펴 낸 이 | 김진수
펴 낸 곳 | 한국문화사
등 록 | 제1994-9호
주 소 | 서울시 성동구 아차산로49, 404호 (성수동1가, 서울숲코오롱디지털타워3차)
전 화 | 02-464-7708
팩 스 | 02-499-0846
이 메 일 | hkm7708@daum.net
홈페이지 | http://hph.co.kr

ISBN 979-11-6919-378-8 93700

* * *

㈜제세 대표이사 김동희

번역은 뛰어난 외국어 능력과 언어적 섬세함, 그리고 깊이 있는 분야 지식을 요구하는 고도의 지적 작업입니다. 인공지능의 발전이 번역 산업 전반에 깊숙이 스며들어 큰 변화를 일으키고 있지만, 인공지능은 번역 과정의 일부를 대체할 수 있을 뿐이며, 수준 높은 번역 결과물은 여전히 인간의 판단과 역량이 더해질 때 비로소 완성됩니다.

이런 의미에서『AI 번역-포스트에디팅 전략』은 과학기술 번역 분야에 종사하는 모든 이에게 반가운 소식이 될 것입니다. 이 책은 번역자가 포스트에디팅을 체계적으로 학습하여, 인공지능과의 협업을 통해 최상의 결과를 이끌어내는 데 실질적인 도움을 줄 것으로 기대됩니다. 실력 있는 번역자는 이를 통해 자신의 전문 영역을 확장하고, 한 단계 높은 전문가로 성장할 수 있을 것입니다. 특히 번역 산업에서 큰 비중을 차지하는 과학기술 논문과 특허 텍스트를 중심으로 한 번역 교재는 드물기 때문에, 이 책의 가치는 더욱 돋보입니다. 풍부한 실제 사례와 연습 문제가 수록되어 있어, 번역을 공부하는 학생은 물론 현업 번역자들도 바쁜 일정 속에서 필요한 내용을 효율적으로 학습할 수 있습니다.

'인공지능 증강 번역(AI-augmented translation)'의 시대가 본격적으로 열린 지금, 포스트에디팅에 숙련된 번역자는 오히려 더 많은 기회를 맞이하게 될 것입니다. 번역자가 생산성 높은 포스트에디터로 변화하고 성장하는 과정에서, 이 책이 든든한 길잡이가 되어 줄 것이라 확신합니다.

* * *

이화여대 통번역대학원 통번역학과 교수 신지선

번역 과정과 작업 방식이 빠르게 변화하고 있습니다. '빠르다'는 말로는 턱없이 부족합니다. 현기증이 날 지경입니다. 바로 지금, 번역자들도 어떻게든 빠르게 변해야 합니다. 번역을 계속하기 위해서는 변화를 선택할 수밖에 없습니다. 이 책은 부제에서 약속하듯 "과학 기술 번역자가 생산성 높은 포스트에디터로 변신하는 법"을 명확하게 제시하고 있습니다. 저자의 오랜 경험, 이 분야 최고의 전문가로 자리매김하기까지 차곡차곡 쌓아온 전문지식과 노하우가 없었다면 불가능했을 것입니다. 이 책에 과학 기술 분야의 번역 사례와 구체적인 설명이 풍부할 것은 기대했습니다. 그런데 기대하지 않았어서 책을 읽으며 놀라웠던 점은 번역학의 탄탄한 이론적 토대와 대단히 체계적인 구성이었습니다. 실무 없이 이론만 논했다면 뜬구름 잡는 이야기로 그쳤을 것이고 이론 없이 실무만 나열했다면 주관적이고 주먹구구식이라는 느낌을 주었을 것입니다. 이 책을 과학 기술 번역에 관계하시는 모든 분들- 전문 번역사, 학습자, 교수자, 연구자 등- 에게 적극 추천합니다. AI 시대에 빠르게 적응하고 변신하는 데 크게 도움이 되리라 믿습니다.

서문

인간 번역가의 새로운 역할, AI 시대의 언어 전략가로

“AI가 번역가를 대체할 것인가?” 이 질문은 이미 수 년째 번역 업계에서 반복되고 있다. 그러나 이제는 질문의 방향을 바꿀 필요가 있다. “AI와 함께, 더 나은 번역을 만들어갈 수 있을까?” 이 책은 바로 그 질문에 대한 실질적인 해답을 제시한다. AI가 우리의 일자리를 빼앗으러 온 것이 아니다. 다만 우리에게 새로운 숙제, 제법 까다로운 숙제를 던져준 것이다.

AI 번역의 우스꽝스러운 실수들을 늘어놓으며 웃고 즐기던 시대는 지났다. 이제 실험의 단계를 넘어, AI가 번역 산업 전반에 걸쳐 실무의 일부가 되었다. 과학 기술 분야에서도 논문, 특허, 기술 문서 등 대량의 원문 텍스트가 AI 번역의 도움으로 신속하게 처리되고 있다. 그럼에도 불구하고, AI가 문장을 빠르고 그럴듯하게 생성하기는 하지만, 그 결과물이 전문성과 정확성, 맥락적 자연스러움, 일관성을 모두 갖추고 있는 경우는 드물다. 바로 그 지점을 보완하는 역할이 ‘AI 번역-포스트에디터,’ 즉 후편집자의 몫이다. 이 책은 과학 기술 번역자가 이러한 변화를 적극적으로 수용하고, 생산성 높은 포스트에디터로 변신하여 자신의 전문성을 확대해 나가도록 돕기 위해 집필한 것이다. 언제나 기회라는 것은 변화의 시기에 찾아오는 법이다.

1장에서는 AI의 진화가 번역 산업 전반에 가져온 변화를 조망하면서, 동시에 AI 기술의 극적인 발전에도 불구하고 인간 번역가의 역할은 사라지지 않을 것이라는 점을 역설한다. AI 번역의 한계를 짚어보면서, AI와 협업하는 인간 번역가 또는 포스트에디터의 역할을 살펴본다.

2장은 매우 짧은 장인데, 포스트에디팅이 무엇인지 개괄한다. 물론 포스테에디팅의 개념도 시간에 따라 변하고 있음을 알아야 할 것이다.

3장은 AI 번역 오류의 유형을 살펴본다. 기계 번역의 오류를 유형화하려고 시도한 몇 가지 선행 연구들을 살펴보고, 과학 기술 텍스트에 적합한 AI 번역 오류의 유형화를 제시한다. 틀에 맞추어 분류한다는 유형화라는 시도가 갖는 한계에도 불구하고, 포스트에디터가 오류를 놓치지 않도록 도움을 주기 위한 방안을 제안해 본다.

4장은 이 책의 가장 길고 중요한 부분이며, 실질적인 포스트에디팅 매뉴얼이라 할 수 있다. 3장에서 제시한 오류 유형별로 구체적인 수정 절차와 판단 기준을 제시한다. 필자가 실제 번역 또는 포스트에디팅 작업 중에 발견한 오류들을 바탕으로 포스트에디터의 사고 과정을 추적한다. 자칫 지루해 보일 수도 있는 포스트에디팅 작업이 어쩌면 좋은 학습의 기회일수도 있음을 느끼기를 바란다. 언제나 노력 또는 시간 대비 산출물을 생각해야 하는 번역자에게 포스트에디팅이 제법 재밌는 작업이 될 수도 있기에, 학술적 분위기보다는 약간의 유머를 섞은 편안한 글로 썼음을 이해해 주기 바란다. 또한, 프리에디팅을 비롯하여 포스트에디팅을 좀 더 간편하게 하면서도 정확도를 높일 수 있는 방법들도 찾아보기 희망한다.

5장에서는 포스트에디팅을 잘하기 위해 필요한 역량을 간단하게 정리한다. 언어 능력과 도메인 지식은 기본이다. 번역자라면 기본적으로 뛰어난 언어 능력을 갖추고 있겠지만, 소위 '이과'의 영역인 과학 기술 번역에서 도메인 지식 없이 포스트에디팅을 잘 하기는 어려울 것이다. AI와 협력하려면 단순한 사용자가 아닌, 언어와 기술의 교차점에서 활약할 수 있는 전문가가 되어야 한다.

이 책은 학부 또는 대학원 통번역 과정에서 '과학 기술 번역' 또는 '정보 전달 위주 텍스트의 포스트에디팅'을 배우고 가르치는 학습자와 교수자를 염두에 두고 썼다. 고도의 과학적 또는 기술적 지식이 필요한 예문들은(비록 실무에서 자주 나타나기는 하지만) 그 난이도를 고려하여 가급적 배제하였다. 다양한 연습 문제를 실어 두었으니, AI를 활용하면서 문제 해결 과정을 실제로 따라가 보기를 권한다.

필자는 번역학이나 번역 교육을 전공하지는 않았지만, 다양한 과학 기술 분야 문서의 번역을 오랫동안 경험해 왔다. 번역자 여러분이 AI 시대의 변화를 위협이 아닌 기회로 전환하는 데 이 책이 작은 나침반이 되기를 희망한다. AI 번역의 한계를 뛰어 넘어 인간의 사고와 언어 감각으로 최상의 번역문을 완성해 나가는 과정 - 그것이 곧 새로운 시대의 번역가가 지닌 가장 인간적인 기술일 것이다.

목차

1장

AI의 발전과 번역의 변화

번역가라는 직업이 위협받고 있다. 인공 지능(artificial intelligence, AI) 때문이다. ChatGPT의 발전은 누구나 쉽게 이용할 수 있는 번역기로의 접근성을 크게 향상시켰다. Claude, Perplexity, Gemini, Grok, DeepSeek 등의 chatbot 형태 AI 모델들이 있고, DeepL, 파파고, 구글 번역과 같은 번역 작업에 특화된 모델들도 있다. 베링랩(Bering Lab)과 같은 국내 기업들은 법률 번역이나 특허 번역 등 전문 분야에 특화된 AI 번역기를 개발하고 있다. 이러한 다양한 AI 엔진의 모델의 등장은 평범한 사용자들도 번역을 쉽게 이용할 수 있게 해주었다.

일반 사용자들이 눈에는 AI가 아무리 어려운 문장이든, 아무리 긴 문장이든 별 어려움 없이 척척 번역해 주는 것처럼 보일 것이다. 번역가라는 직업은 AI에 의해 없어질 직업의 목록에 단골로 등장하며, 거의 언제나 그 목록에서 높은 순위를 차지한다.[1] 최근 몇 년간의 AI 번역의 발전을 생각하면 이러한 위협은 현실이며, 무시하고 싶다고 무시해도 되는 것이

1 예를 들어, 양정애, 〈챗GPT 이용 경험 및 인식 조사〉, Media Issue 9권 3호 〈챗GPT 이용 경험 및 인식 조사〉에서는 한국언론진흥재단 미디어연구센터 온라인 설문조사(2023년 3월 29일~4월 2일, N=1,000)를 인용하였는데, 번역가와 통역가가 생성형 AI 대체 가능성에 대한 전망 인식에서 '완전히 대체될 것 (39.8%)'과 '어느 정도 대체될 것 (51.1%)' 항목 모두에서 1위를 차지했다 (대체 가능성 총합: 90.9%).

아니다. 번역 업계와 학계 모두 이러한 위기를 잘 알고 있으며, AI가 번역이라는 직업에 미치는 영향에 대한 평가와 더불어, AI와 번역자가 공생할 길에 대한 논의도 활발히 이루어지고 있다.

한국외대 이상빈 교수는 '향후 '번역가'는 기계번역의 오류를 찾아 표시하는 주석자(error annotator), 작업의 전 과정을 조직하거나 감독하는 큐레이터(curator)/감독자(supervisor), 번역물의 상태나 품질을 인증하는 검증자(validator) 등의 역할을 모두 수행하거나 이 중 일부만을 수행하는 사람'일 수 있다고 하였다.[2] 현실이 이러하니, 번역을 직업으로 선택하고자 하는 사람들, 번역을 배우는 학생들, 번역학을 연구하는 연구자들 모두 미래에 대해 고민을 할 수 밖에 없다.

2 이상빈, 바벨탑3.0의 시대, 인공 지능과 번역을 논하다, 번역학연구, 25(3), 11-30 (2024).

하지만, 'AI 번역이 번역가라는 직업을 거의 완전히 없애버릴 것인가'라는 질문에 대해서는 대부분의 전문가들이 '아니요'라는 대답을 내놓는다. 예를 들어, 전성기 교수는 〈번역.언어.기술 –번역인문학과 인문선(禪) 실천〉이라는 책에서, '자동 번역기의 완성은 오로지 번역을 통해서만 도달할 수 있는 역설'이 있다고 했다.[3] 한국외대 국제 지역대학교 이향 교수는 "번역가로서 반가운 소식은 아니지만, 사실들의 나열이 중요한 실용 번역의 경우 번역가가 해고될 수 있다"면서도, "번역가라는 일이 사라질 것이라 생각하지는 않는다. AI 보다 실력이 떨어지는 번역가의 자리는 줄어들겠지만, 경쟁력 있게 AI의 번역을 수정할 수 있는 능력의 번역가는 더욱 일자리가 넓어질 것"이라고 했다.[4] 번역하는 텍스트의 성격에 따라 전망이 다를 수 있다. 문학 번역에서는 AI가 인간 번역자를 대체할 가능성이 더욱 낮다고 전망한다. 전문가들은 창의성과 섬세함이 요구되는 분야에서는 여전히 인간 번역가의 역할이 중요하다고 강조한다. AI 번역은 문맥 파악, 문화적 뉘앙스, 문학적 표현 등에서 한계가 뚜렷하며, 인간 번역가의 창의력과 비판적 사고, 문화적 해석 능력을 대체하기는 어려울 것으로 예상된다.[5]

전문가들은 왜 이러한 대답을 내놓는 것일까? 생각해 볼 수 있는 몇 가지 이유가 있다. 뛰어난 AI 번역은 고품질의 번역 데이터를 통해서만 달성할 수 있는데, 고품질의 번역 데이터를 생산할 수 있는 주체도 인간 번역가이고 번역 데이터의 품질의 평가할 수 있는 주체도 인간 번역가이기 때문이다. 그리고, AI 학습데이터로 저작권이 있는 자료들이 광범위하게

---

3 박찬빈, "AI의 등장, 인문대의 위기?" 번역업계의 실상," 대학알리, 2024년 7월 22일(https://www.univalli.com/news/article.html?no=24780)에서 재인용.

4 ibid.

5 유튜브 동영상: "AI 시대에 번역가는 사라지게 될까요?" 한국문학번역원, 2023년 10월 27일 (https://www.youtube.com/watch?v=1TplsBWdXbI).

무단으로 사용되고 있다는 것도 잘 알려져 있다. 예를 들어, 미국에서는 주요 미디어 기업들이 정부에 AI로부터 콘텐츠를 보호할 것으로 촉구하는 캠페인(SupportResponsibleAi.org)을 벌이고 있는데, 뉴욕타임스, 워싱턴포스트 등을 포함한 미국 내 수백 개 미디어 기업들이 여기 동참하고 있다.[6] 이는 고급 어휘와 양질의 구조를 지낸 문장 또는 글을 AI가 비용 없이 학습하는 것이 점점 더 어려워질 것이라는 의미이다. 관련 규제가 생겨날 것이며, AI 모델의 데이터 접근성이 제한될 수 있다.

이러한 비용 문제 또는 고품질 데이터 가용성 문제보다 더 심각한 것은, AI가 생산한 데이터로서, 진실인지 거짓인지 알 수 없는 것들이 인터넷상에 확대 재생산되고 있다는 것이다. 아마존 웹서비스의 최근 조사에 따르면, 오늘날 인터넷 상의 정보 57%가 AI가 생성한 것이라고 한다.[7] 일라일 슈마일로프(Ilia Shumailov) 영국 옥스퍼드대 교수 연구팀은 AI가 인간이 생산한 정보가 아닌 정보로 학습하기 시작하면서, AI가 생성하는 정보의 질이 급격히 떨어진다는 연구 결과를 발표했다.[8] 마치 즐거운 예능 게임인 '고요속의 외침'에서 부정확한 정보가 순차적으로 학습되면서 더

6 김수정 기자, "AI 절도를 중단하라"… 콘텐츠 무단 학습에 칼 빼든 미디어 기업들," 조선비즈, 2025년 4월 10일 (https://biz.chosun.com/it-science/ict/2025/04/10/GFAGNSH5LVCCPEFSWNXBGPXDCI/).

7 Brian Thompson, Mehak Dhaliwal, Peter Frisch, Tobias Domhan, and Marcello Federico. 2024. A Shocking Amount of the Web is Machine Translated: Insights from Multi-Way Parallelism. In Findings of the Association for Computational Linguistics: ACL 2024, pages 1763-1775, Bangkok, Thailand. Association for Computational Linguistics. (DOI: 10.18653/v1/2024.findings-acl.103)

8 Shumailov, I., Shumaylov, Z., Zhao, Y. et al. AI models collapse when trained on recursively generated data. Nature 631, 755-759 (2024). https://doi.org/10.1038/s41586-024-07566-y

욱 부정확한 정보가 생성되는 것과 비슷하다.[9] 데이터의 품질 측면에서 여전히 인간이 생성한 데이터가, 그리고 데이터의 오류를 찾아내는 일에서 여전히 인간의 지능이 우위를 차지하고 있는 것이다. 이러한 이유 때문에 고품질 데이터의 사용이 제한된다면 AI 번역의 품질이 끊임없이 좋아지기는 어려울 것이다.

또한, AI 번역기의 번역 수준도 아직 인간 번역가에 못 미친다. 고도의 문화적 지식과 이해력 및 감성이 필요한 문학 번역은 차치하고서라도, 정보 전달 위주의 텍스트의 번역에서도 AI 번역물은 다양한 오류를 포함하고 있다. 또한, 오류가 아니더라도, 문장의 어색함 때문에 번역가의 손길을 거쳐야 하는 결과물이 많다. 따라서, 번역 작업의 능률을 높이기 위해 AI 번역을 활용하면서도, 그 결과물을 인간 번역자가 수정하는 작업이 필요한 것이다. 이것이 바로 포스트에디팅이 중요한 이유다('사후 편집'이라는 훌륭한 번역어가 있지만 이 책에서는 '기계번역-포스트에디팅(machine translation post-editing: MTPE)'작업을 가리키는 용어로 '포스트에디팅'을 그대로 사용하도록 하겠다.)

다른 이유들도 있다. 예를 들어 AI의 약점으로 할루시네이션hallucination 즉, '환각'이 자주 언급되는데, AI가 잘못된 정보를 학습하거나 잘못된 추론을 하여, 그럴듯하지만 사실이 아닌 번역 결과를 생성하는 것이다. (초창기 챗GPT 환각의 대표적인 예로, '세종대왕 맥북프로 던짐 사건'이 있다.)[10] 2025년에 AI 선두 주자라고 할 수 있는 오픈AI가 신규 모델을 공개하였지만, 최신 모델 GPT-o3와 GPT-o4 mini의 할루시네이션 확률은

---

9 유튜브 동영상, '내가 지금 뭘 들은거지..? [가족오락관 - 고요속의 외침] | KBS 방송,' 1997년 01월 15일 (https://youtu.be/YJW50HnhcxY?feature=shared)

10 김도형 기자, ""세종대왕 맥북 던짐 사건 알려줘" 물었더니... 챗GPT의 엉뚱 답변 '밈'으로 유행 중," 한국일보, 2023년 2월23일(https://www.hankookilbo.com/News/Read/A2023022215200000727)

각각 PersonQA 벤치마크에서 33%, 48%에 달했다.[11] 이 때문에, 해당 분야의 전문가가 아니면 '사실인듯' 제시되는 번역문을 비판 없이 그대로 수용하기 쉬우며, 깔끔한 문장 형식에도 불구하고, 번역문의 내용은 오류를 포함할 수 있다. 따라서, 인간 번역자, 특히 도메인 지식을 어느 정도 갖춘 번역자의 개입이 필수적이다. AI 번역문 내에서 사실을 확인하고, 과장과 축소를 없애는 등, 번역자가 할 일이 여전히 많이 있는 것이다. 한국에서 한국어를 가르치고 있는 외국인 언어학자인 로버트 파우저Robert J. Fouser도 "인공 지능을 통한 번역이 다양해질수록 두 개의 언어 깊숙한 곳까지 이해하는 번역가의 존재는 역설적으로 더 귀해질 것"이며, "인공 지능을 통한 결과물을 판단하고 그것이 제대로 된 것인지 분별하는 역할의 요구가 훨씬 더 늘어날 것"이라면서, 번역가들에게 있어서 "섣부른 비관은 금물"이라고 했다.[12]

역설적이게도, AI의 약점뿐만 아니라 인간 지능의 약점도 인간 번역이 계속 필요한 이유가 된다. 왜냐하면 출발 언어로 된 원문을 작성하는 주체가 인간인 경우가 대부분인데, 원문에 필연적으로 문법적 오류, 논리적 오류, 심지어 사실 관계의 오류가 포함되며, 이는 인간 번역자가 찾아내어 수정해 주어야 하는 문제이기 때문이다. AI 번역이 광범위하게 사용된다고 할지라도, AI에게 오류가 포함된 원문을 스스로 자신의 데이터를 바탕으로 수정하고, 그 이후에 번역문을 제공할 정도로의 권한을 주지는 않을 것이다. 약간이라도 전문 지식을 갖춘 인간 번역자가 원문을 검토하여 오류를 찾아내어야만, AI 번역문에 동일한 오류 또는 더 심한 오류가 나

11 "패권경쟁서 너무 서둘렀나…오픈AI, 신모델들 심각한 '할루시네이션'" (아주경제, 2025년 4월 20일) https://www.ajunews.com/view/20250420152401838).

12 로버트 파우저, 한겨레신문 칼럼 "'AI 시대' 번역가여, 비관하지 말지어다 [로버트 파우저, 사회의 언어]" (https://www.hani.co.kr/arti/opinion/column/1182140.html)

타나는 것을 막을 수 있는 것이다. 이 점은 포스트에디터가 번역 출판되기 전 상태의 원고를 읽는 가장 세심한 독자이자 교정자로서 적극적인 역할을 할 수 있음을 시사한다. 특히 과학 기술 분야의 문서들과 같이 정보 전달 위주의 텍스트에서는 용어나 문장 구조의 오류 또는 언어 간 차이로 인해, AI 번역문에서 사실 관계의 오류가 확대 재생산되기 쉽다. 포스트에디터는 '풀 포스트에디팅'을 통해 적극적으로 문서 작업에 개입하여, 오류를 식별하고, 관련된 근거 자료를 찾아주고, 이유를 설명하고, 더 나은 원문을 제안하고, 최상의 번역문을 제공해 줄 수 있다. 이러한 세심한 작업은 번역가가 당장 지불받는 번역료에는 큰 도움이 되지 않을지는 모르지만 번역 의뢰인과 번역 중개인의 신뢰를 얻는 데는 큰 도움이 된다. 세심한 포스트에디터의 노력에 깊은 인상을 받은 번역 의뢰인은 '번역 맛집'을 재방문하거나 주변에 추천할 의사가 있을 것이다.

따라서, AI시대에는, AI보다 번역을 잘하는 번역자가 살아남을 것이고, AI보다 번역을 잘하지 못하는 번역자는 살아남기 힘들 것이다. 또한, 살아남은 번역자의 역할도 포스트에디터로 바뀔 것으로 보인다. 결국, 뛰어난 번역자는 뛰어난 포스트에디터가 되어야 할 것이다. 물론 뛰어난 번역자의 자질이 뛰어난 포스트에디터의 자질과 동일한 것이다. 마치 뛰어난 단거리 육상 선수가 반드시 뛰어난 마라톤 주자라고 할 수 없는 것과 마찬가지다. 각 업무에 필요한 역량이 다르기 때문에, 인간 번역자는 포스트에디터로 변신할 준비를 해야 한다. '인간 번역'이라는 말을 써야 할 정도로 '기계 번역'이 확산되고 있다고 개탄만 할 것이 아니라, '기계 번역' 또는 'AI 번역'을 적극적으로 활용하여 생산성을 높여야 한다. 다시 말해, 기계 또는 AI와의 '협력'이 필요한 것이다. 번역은 더 이상 이중 언어 사용자인 지식인의 전유물이 아닌 것이다.

시대의 흐름에 따라 번역자도 자신의 생산성을 높이기 위해 노력해야 한다. 신기술에 대한 통제력을 지니지 않고 있다는 느낌 때문에, 또는 고도의 지적 작업인 번역이라는 영역이 컴퓨터 엔지니어들에게 빼앗기고 있다는 느낌 때문에 거부감이 들 수 있겠지만, 실용적인 혹은 현실적인 관점에서 보면, 새로운 기술을 적극적으로 수용하고 생산성을 높이는 것이 '고도의 지적 작업'을 할 수 있는 번역자들의 능력이기도 할 것이다. 자동차가 거리를 달리고 있는데, 언제까지 말 타는 기술만 자랑하고 있을 수는 없으니 말이다.

필자가 개인적으로 알고 있는 한 번역자는 특허 번역 업계에서 수십 년의 경력을 지니고 계신 분인데, 처음 특허 번역을 시작했을 때는 개인용 컴퓨터도 흔치 않던 시절이라 직접 종이에 수기로 번역했다고 하셨다. 그리고 그동안의 엄청난 물가 상승에도 불구하고 한 장단 번역 단가가 큰

차이가 없다고 하셨다. 하지만 그동안 발전한 기술들, 예를 들어, 개인용 컴퓨터, 워드프로세서 프로그램, 인터넷 사전, 인터넷 검색 등을 활용하면서 생산성이 훨씬 높아졌으므로 번역가로서의 직업을 유지할 수 있는 것이다. AI 번역은 또 한 번 생산성의 혁신을 가져올 것이며, 이를 잘 활용하는 사람이 프로 번역가로서 생존할 수 있을 것이다.

기억해야 할 또 한 가지 점은 AI 번역의 품질이 꾸준히 나아지고 있다는 것이다. 구글 번역의 경우, 2020년만 해도 해결하지 못한 단어와 구를 남겨 두는 경우가 많았으나, 2025년에는 그러한 경우가 극히 드물었다. 한결 자연스러운 문장을 구사하며, 문법적 오류도 줄어들었기에, 내용을 생각하지 않고 읽으면 형식적인 오류를 찾기가 어려울 정도이다. 소수의 고급 번역자만이 직업을 유지하고 영역을 확장할 수 있을 것이라는 전망이 점점 더 우세해지는 것이다.

이 책은 과학기술 분야 번역자가 포스트에디터로서의 역량을 발전시키는 데 도움이 되도록 집필하였다. 기본적으로 이 책의 거의 모든 내용이 일반적인 번역에 적용되지만(예를 들어, 텍스트의 종류, 인간 번역, 작업 방식), 이 책의 범위는 다음과 같이 한정하고자 한다.

첫째, 필자는 집필 시점에서 무료로 이용 가능한 AI 엔진, 번역기를 사용했다(Google Translation, DeepL, ChatGPT, Claude, Perplexity, Grok 등). 엔진을 작동하는 시점에 따라, 엔진의 버전에 따라, 엔진의 종류에 따라 AI 번역의 결과물은 다르다. 이 책을 집필하고 있는 동안에도 새로운 AI 엔진 및 번역기, 전문화된 도구가 속속 등장하고 있다. 그럼에도 불구하고, 이 AI 번역기들은 유사한 오류 및 개선점들을 포함하고 있다. 따라서, 향후 다른 AI 번역기들이 개발된다 할지라도, 이 책의 내용은 여전히 유용할 것이다. 이들 번역기와 AI는 계속해서 발전 중이므로, 이 책의 원고를 작성할 시점에서의 번역기 및 AI는 독자가 이 책을 읽을 시점의 번역기 및 AI와는 분명히 다르다는 점을 기억해야 한다. 따라서, 동일한 원문과 동일한 프롬프트르 사용하여 AI 번역문을 생성한다 할지라도, 시점에 따라 다른 AI 번역문이 생성될 것이다. 그럼에도 불구하고, 아직 AI 번역문의 한계가 분명히 존재하며, 오류도 그러하다.

둘째, AI 번역문을 생성하기 위한 프롬프트는 "영어로 번역해줘"라는 간단한 명령만 사용하였다. 프롬프트에 따라 결과는 AI 번역 결과물이 천차만별임이 잘 알려져 있다. 사용자는 필요에 따라 다양한 프롬프트를 사용하여 다른 결과물을 얻을 수 있을 것이다. 또한, DeepL과 같은 번역기는 번역자가 개인화된 용어집과 번역 메모리를 사용할 수 있는 기능을 제공하며, 범용 AI도 번역자가 개인적으로 학습을 시켜서 개인화된 AI번역 엔진으로 만들 수 있다. 하지만, 본 책에서는 개인화된 번역기나 AI가 아닌, 상업적으로 쉽게 이용 가능한 번역기나 AI를 기준으로 하였다. 포스트에디터가 의뢰받는 AI 번역문의 특징은 의뢰인이 사용한 AI 플랫폼 및 프롬프트에 따라 달라질 수 있다. 유료 버전의 AI를 사용하고 각종 프로프트를 사용하여 더 정교한 AI 번역문을 생성해 낼 수 있겠지만, 포스트에디터가 제공받게 될 AI 번역문이 어떤 수준의 것일지는 예측 불가능한 것이다. 따라서, 본 책에서는 흔히 발생할 수 있는 AI 번역문의 오류를 식별하고 수정하는 훈련을 위해 가장 낮은 수준의 커스트마이징을 시행한 것이다.

셋째, 원문 텍스트를 과학 기술 분야의 텍스트로 한정하였다. 과학 기술 분야의 텍스트는 기본적으로 정보 전달 목적의 텍스트이지만, 원문의 난이도, 필요한 분야 전문성, 그리고 정확도 요구 사항을 고려할 때, 포스트에디터가 활약할 공간이 넓다고 할 수 있다. 그 중에서도 과학 기술 및 공학 분야 논문, 특허 및 학술 성과 홍보 자료를 중심으로 하였다. (의약과

약학 등의 분야는 포함시켰다. 문학 번역과의 유사성이 높은 과학 대중서의 번역은 제외하였다. 대중 과학서는 과학적 내용을 다루고 있으나, 인문, 사회, 저널리즘 등의 이른바 '문과' 텍스트와 상당히 유사하며, 문학에서 사용되는 모든 수사적인 장치와 창의적인 언어를 포함하고 있다. 따라서, 기계번역을 이용하여 생산성을 끌어올리기가 문학만큼이나 어려울 수 있으며, 다른 유형의 과학기술 텍스트의 기계번역에서 나타나는 오류와 상당히 다른 유형의 오류를 마주하게 될 수 있다. 여러 형태의 과학기술 번역 텍스트에 대해서는 조디 번(Jody Byrne)의 책 〈과학기술 번역 해설〉(신아사)를 참조할 수 있다.)

넷째, 기계번역과 AI 번역은 따로 구분하지 않았다. '기계번역 포스트에디팅(MTPE)'이라는 용어는 비록 '기계번역 결과물의 사후 편집'이라는 의미로 사용되는데, 여기서 '기계번역'은 엄격한 의미의 '기계번역'이라기 보다는 컴퓨터가 번역하는 것을 의미한다. 굳이 구분하자면, 기계번역은 컴퓨터 프로그램이 규칙(rule-based), 통계(statistical) 또는 간단한 알고리즘에 기반하여 언어를 번역하는 방식이다. Rule-Based Machine Translation (RBMT)이나 Statistical Machine Translation (SMT)와 같은 초기 형태가 있었다. 2016년 이전 구글 번역이나, 파파고 초기 버전, 시스트란 초기 버전, Bing 번역기 초기 버전이 이런 식이었다. 문장을 단어나 구 단위로 분석하여 번역하는 것이어서, 문맥 이해가 부족하고, 오류가 많고, 어색한 번역이 많았다. 요즘은 거의 모든 컴퓨터 번역이 AI 번역이다. 특히 딥러닝(Deep Learning) 기반의 신경망 번역 기술(NMT, Neural Machine Translation)을 이용한 번역 방식이다. 2016년 이후의 구글 번역, 현재의 네이버 파파고, Deep Translator, ChatGPT 번역 등이 모두 NMT에 기반을 두고 있다. 전통적인 기계번역보다 훨씬 자연스럽고, 문맥을 잘 반영하고, 내용의 사실 관계도 좀 더 정확하게 짚어낸다. 이러한 AI 번역 서비스를 누구나 쉽게 무료로 이용할 수 있는 환경이 조성되었으므로,

이제 고전적인 방식의 기계번역을 사용할 이유는 없다. 따라서, 이 책에서 '기계번역 포스트에디팅'이라 함은 기본적으로 'AI 번역 결과물의 사후 편집'을 가리킨다.

다섯째, 포스트에디팅 작업의 출발어(SL)와 도착어(TL)를 각각 한국어와 영어로 설정하였다. 즉, 한영 번역을 대상으로 하였다. 이 책을 읽는 독자들이 주로 한국어 사용자일 것이므로, 도착어가 영어일 때 번역에 어려움이 더 많을 것이다. 물론 포스트에디팅 기본 전략은 영한 번역이나 한영 번역이 유사하겠지만, 이 책에서는 과학기술 번역 수요가 많고 번역 난이도가 상대적으로 높은 한영 번역을 대상으로 하였다.

2장

포스트에디팅이란 무엇인가?

번역이 무엇이냐를 정의하는 것만큼이나 포스트에디팅이 무엇이냐를 정의하는 것도 쉽지 않은 일이다. 이럴 때에는 우선 국제 표준 ISO(https://iso18587.com/)에 손을 내밀어 보는 것이 편리하다.

ISO 18587 표준은 기계 번역의 완전한 사후 편집(full post-editing)의 목적이 "결과물이 사람의 번역 결과와 구별될 수 없도록" 하는 것이라고 명시하고 있으며, 다음 측면들에 초점을 맞춘다.

- 누락 혹은 추가된 정보가 없도록 함(Ensure that no information has been added or omitted)
- 부적절한 내용을 수정(Correct inadequate content)
- 의미가 부정확 혹은 모호한 경우 문장을 재구성(Rephrase sentences if the meaning is unclear or incorrect)
- 문법, 통사, 의미적으로 올바른 컨텐츠를 생산(Create accurate content in the post-edited document, taking into consideration grammatical, syntactical and semantic aspects)
- 고객이나 전문 분야의 용어를 준수(Follow the terminology of the client or area of specialization)

- 철자, 구두법 규칙을 적용(Apply spelling, punctuation and syllable separation rules)
- 텍스트의 유형에 적절한 스타일을 사용하여 고객사가 제시한 스타일 가이드를 준수(Ensure that the style is appropriate for the type of document and that the style guidelines provided by the client are followed)
- 문서 양식 규칙의 준수(Respect formatting rules)

ISO 표준에 따르면, 기계 번역문을 사람의 번역문과 차이가 없게 만들어야 한다. 단, 풀 포스트에디팅(full post-editing)이 있다면 라이트 포스트에디팅(light post-editing)도 있을 것이다. 라이트 포스트에디팅은 의미 전달에 중점을 두고, 기계 번역문에 대한 최소한의 수정만 수행하는 방식이다. 스타일이나 용어 일관성은 고려하지 않고, 굵직한 문법적 또는 용어상의 오류만 수정하는 작업이다. 원본 텍스트의 의미에 충실한가에 집중하는 것이다. 용어 일관성과 관련하여 예를 들자면, 'car,' 'automobile,' 'vehicle'이라는 영어 단어가 서로 의미의 범위가 다른 단어들이지만, 독자가 의미를 이해하는 데 큰 어려움이 없다면, 라이트 포스트에디팅에서는 이를 굳이 구분하지 않고 혼용해서 쓸 수 있다. 풀 포스트에디팅에서는 적확한 용어를 찾아 구분해야 한다. 포스트에디팅 작업을 의뢰받은 번역자라면 아마도 풀 포스트에디팅 작업을 요청받을 것이다. 그리고 풀 포스트에디팅 작업을 해야 번역자의 가치도 제고될 것이다.

포스트에디팅은 생산성 면에서 이점이 있다. 국내 학계에서 진행된 한 연구에서는 라이트 포스트에디팅 시 '분당 단어 처리 수' 기준으로 전체 참가자의 포스트에디팅 생산성은 인간번역 대비 78% 높다고 보고하였다.[13]

---

13 김순미, 신호섭, 이준호 (2019), 번역학계와 언어서비스업체(LSP)간 산학협력연구: '포스트에디팅 생산성'과 '기계번역 엔진 성능 비교, 번역학연구, 20(1): 41-76.

풀 포스트에디팅에서는 '분당 단어 처리 수' 기준으로 인간번역 대비 생산성이 34% 높다고 보고되었다.[14] 연구마다 생산성 향상 정도 값이 다르게 나올 수 있겠지만, 거의 모든 경우에 포스트에디팅이 인간번역보다 생산성이 높으며, 포스트에디팅의 품질 수준도 인간번역에 비해 열등하지 않다. 이러니, 번역 업체에 번역자에게 AI 결과물을 제공하고 포스트에디팅 작업을 의뢰하지 않을 이유가 없다. 번역 의뢰 업체들은 이를 이유로 번역 단가를 낮추려 들겠지만, 번역자는 포스트에디팅 생산성과 최종 품질로 이에 대응해야 할 것이다.

---

14 이준호 (2021a)「영한 포스트에디팅 생산성에 대한 고찰 — 시간적 노력을 중심으로」, 통번역학연구, 25(2): 55-83.

3장

AI 번역 오류의 유형

1. 오류 파악의 중요성

AI 번역 포스트에디팅의 의미를 이해했으니, 이제 그대로 번역하듯이 편집을 하면 된다. 하지만, 그게 말처럼 쉽지만은 않다. 무엇이 틀렸는지 알아내고, 그것을 적절히 수정하는 작업을 해야 하는데, 오류의 유형이 다양하고 대응 방법도 각기 다르기 때문이다. 더 어려운 것은 마치 정확한 번역인양 제시되어 있는 AI 번역문을 읽고 있으면 포스트에디터 자신도 오류가 있다는 것을 알아채지 못할 수 있다는 것이다. 문장 구조나 용어부터 모든 것을 인간 번역자가 고안해 내는 인간 번역 과정과는 달리, 포스트에디팅에서는 AI 번역문이 일종의 '기준'으로 작용하기 때문에, 포스트에디터는 무의식중에 이를 받아들이려는 경향이 있다. 따라서, 발생 가능한 AI 번역 오류의 유형을 미리 탐색하여 인지하는 것은 포스트에디터가 AI 번역문 내에 존재하는 오류를 놓치지 않고, 동시에 그에 맞는 전략으로 그 오류를 수정하는 데 도움이 된다.

AI 번역 오류의 유형은 사실 인간 번역 오류의 유형과 동일하다고 할 수 있지만, AI 번역 오류에 더 자주 등장하는 오류들이 있다. (AI에서 급속히 사용량이 증가한 영어 단어 'delve'에 관해서는 the Guardian의 기사 참조.)[15] 다시 말해 인간 번역자가 좀처럼 만들지 않은 번역 오류를 AI 번역은 자주 범하기도 하고, 그 반대이기도 하다. 문장에 포함되어 있는 단어와 기호들은 서로 밀접히 연관되어 있기 때문에, 어떤 오류가 어떤 유형인지 무 자르듯이 구분하기는 쉽지 않다. 이에 AI 번역 오류의 유형에 대한 선행 연구에서 어떤 식으로 오류들을 분류했는지 먼저 간단히 살펴보자.

2. 기존 연구에서의 오류 유형 분류

먼저 선구적인 연구라 할 수 있는 빌라(Vilar, 2016)의 연구는 영어-스페인어, 스페인어-영어, 중국어-영어 언어쌍을 대상으로 한 것으로, 오류를 크게 다섯 가지로 다음과 같이 분류하였다.[16]

오류 (Errors)

- ● 누락된 단어 (Missing Words)
  - ○ 내용어 (Content Words)
  - ○ 채움말 (Filler Words)
- ● 단어 순서 (Word Order)
  - ○ 단어 수준 (Word Level)

---

15 "TechScape: How cheap, outsourced labour in Africa is shaping AI English" https://www.theguardian.com/technology/2024/apr/16/techscape-ai-gadgest-humane-ai-pin-chatgpt

16 Vilar, D & Xu, J & D'Haro, L & Haro, D & Ney, H (2006) 'Error analysis of statistical machine translation output,' *Proceedings of the Fifth International Conference on Language Resources and Evaluation*: 697-702.

- ■ 짧은 범위 (Local Range)
- ■ 긴 범위 (Long Range)
- ○ 구 수준 (Phrase Level)
  - ■ 짧은 범위 (Local Range)
  - ■ 긴 범위 (Long Range)
- ● 잘못된 단어 (Incorrect Words)
  - ○ 의미 (Sense)
    - ■ 잘못된 어휘 선택 (Wrong Lexical Choice)
    - ■ 잘못된 의미 해석 (Incorrect Disambiguation)
  - ○ 잘못된 형태 (Incorrect Form)
  - ○ 불필요한 단어 (Extra Words)
  - ○ 문체 (Style)
  - ○ 관용어구 (Idioms)
- ● 알 수 없는 단어 (Unknown Words)
  - ○ 알 수 없는 어근 (Unknown Stem)
  - ○ 보지 못한 형태 (Unseen Forms)
- ● 구두점 (Punctuation)

마이클 패럴(Michael Farrell)은 다음과 같은 기계번역 오류 분류를 제시하였다.[17]

---

17 Michael Farrell, *A guide to Machine translation for Today's professional translator*, 2023년 2월 3일, 독립 출판됨 (ISBN: 9798375879758).

어휘 오류 (Lexical errors)

- 어휘 비대칭성 (Lexical asymmetry)
- 문법적 모호성 (Grammatical ambiguity)
- 기능적 모호성 (Functional ambiguity)
- 현실 세계 지식 부족 (Lack of real-world knowledge)
- 과번역과 과소번역 (Overtranslation and undertranslation)

구문 오류 (Syntactic errors)

- 범위 모호성 (Scope ambiguity)
- 전치사 구의 모호성 (Ambiguity of prepositional phrases)
- 대명사 참조 문제 (Anaphora)

문법 오류 (Grammar errors)

- 구문 칼크 (Syntactic calques)[18]
- 잘못되거나 일관성 없는 동사 시제 (Incorrect or inconsistent verb tense)

문화적 지식 부족으로 인한 오류 (Errors due to lack of cultural knowledge)

- 번역 불가능한 단어 (Untranslatable words)
- 관용구 (Idioms)

18 '칼크(calques)'란 '번역 차용'이라는 뜻으로, 외국어 단어를 차용해올 때 그 단어의 의미를 번역하여 받아들이는 것. 음을 빌려 그대로 읽은 음차와 대립하는 개념이다. 통사적 칼크의 예를 들자면, 영어 구어로 사용되는 "fine by me (OK by me)"라는 문구에서 "with" 대신 "by"를 사용한 것은 이디시어 bei, 즉 1930년대 이디시어 브로드웨이 뮤지컬 노래 제목인 Bei Mir Bistu Shein(문자 그대로 '나에게 당신은 아름답습니다')에서 유래한 것으로 보인다.

● 문화적 참조 (Cultural references)

● 현지화 오류 (Localization errors)

문체적 오류 (Stylistic errors)

● 부적절한 문체 (Inappropriate style)

● 시대에 뒤떨어진 용어 (Obsolete terminology)

● 성별 편향 (Gender bias)

● 어휘 빈곤 (Lexical Impoverishment)

인간적 오류 (Human errors)

● 원문 오류 (Errors in the original text)

● 잘못된 설정 (Incorrect settings)

기술적 오류 (Technical errors)

● 알 수 없는 단어 (Unknown words)

위의 결과들 모두 훌륭한 통찰력에서 나온 뛰어난 분류이지만, 실용적인 관점에서 보았을 때, 오류의 유형이 너무 많은 것도 작업에 도움이 되지는 않을 것이다. 또한 우리가 다루는 텍스트가 과학기술 텍스트로 정보 전달을 주목적으로 하는 것이라면, 몇 가지 오류 유형은 거의 적용되지 않는 것처럼 보인다.[19]

---

19 다른 기계번역 오류 유형화에 관하여는, 서보현, 김순영 (2018). 기계번역 결과물의 오류유형 고찰. 번역학연구. 19(1), 99-116, 그리고 박건영 (2021), 정보성 텍스트의 한영 기계번역 포스트에디팅 가이드라인 제시 번역학연구 제22권 제1호 등을 참조할 수 있다. 또한, 김민영(2023), 한국어 번역 교육을 위한 번역오류 유형화 고찰, 한국언어문화학, 제20권 제2호.

정재혁(2023, 통번역학연구 제27권 3호)은 과학기술 문서를 대상으로 하는 포스트에디팅 연구에서 기계 번역 오류를 용어선택오류와 구조분석오류의 두 가지 유형으로 단순하게 구분하였다.[20] 그리고, 용어선택오류에 전문용어 오류, 부적절한 용어 선택, 용어 일관성 문제를 포함시켰고, 구조분석오류에 수식구조 오류, 중의적 해석의 소지 등을 포함시켰다. 이러한 분류가 설득력이 있을 수 있는데, 이는 다른 용어 오류들 또는 구조적 오류들, 이를테면, 누락, 오탈자, 문법 오류, 미완성 문장과 같은 오류들이 현재의 AI 번역에서는 상당히 줄어들었기 때문이다. 어쩌면 누락, 오탈자, 문법 오류, 미완성 문장과 같은 오류는 AI가 비교적 쉽게 해결할 수 있는 문제였을 것이다. 따라서, 앞으로 포스트에디터들은 AI가 쉽게 해결할 수 없는 오류들, 예를 들어, 전문용어 오류, 부적절한 용어 선택, 용어 일관성, 그리고 수식 구조 오류 및 중의성들을 집중적으로 해결해야 하는 것이다.

따라서, 필자는 이 책에서, 정확성이 강조되는 과학기술텍스트의 번역에서 AI 번역의 오류를 3.3절에서와 같이 유형화하고자 한다.

20 정재혁. (2023). 영한 포스트에디팅과 인간 번역의 정확성 비교 - 정확성 오류 검증을 중심으로. 통번역학연구, 27(3), 177-201.

3. 이 책에서 사용하는 오류 유형 분류

1. 용어 오류(Lexicon)
    1) L1 – 전문용어 오류
    2) L2 – 일관성 오류
    3) L3 – 텍스트 유형에 적합한 용어의 사용
2. 구조 오류(Syntax)
    1) S1 – 수식 구조 오류
    2) S2 – 문맥 파악 오류
    3) S3 – 전문 지식 부족 오류
    4) S4 – 비문/오타 포함 텍스트로 인한 결과물 수정
3. 기타 수정 사항
    1) C1 – 문서 유형별 편집 규칙
    2) C2– 단위, 식 등의 기호 표기 수정 사항
    3) C3 – 그림을 참조하는 것이 필요한 사항
    4) C4 – 번역을 하지 말아야 할 때
    5) C5 – 기타 수정 사항

1번 용어 오류와 2번 구조 오류는 '오류'라고 부르지만, 3번 항목은 '수정 사항'으로 부르기로 한다. 명백한 오류로 판단할 수 있는 사항도 있지만, 수용성의 정도에 따라 오류로 볼 수는 없어도, 수정하면 훨씬 좋은 사항들도 있다. 따라서, 후자를 '수정 사항'으로 부르기로 한다.

여기서 질문. 그럼 오류나 수정 사항을 찾을 때, 시간이 많이 걸릴까 오류를 수정하는 데 시간이 많이 걸릴까? 포포빅 외(Popović et al. 2014)에서는, 그림1에서 볼 수 있듯이, 단어 순서, 누락, 첨가 오류에 비해 용어 오

류를 포스트에디팅하는 데 시간 소모가 더 큰 것으로 나타났다.[21] 이는 눈에 금방 보이는 오류를 수정하는 것보다 용어가 맞는지 틀리는지 확인하는 것이 더 힘든 작업이라는 의미로 해석할 수 있다.

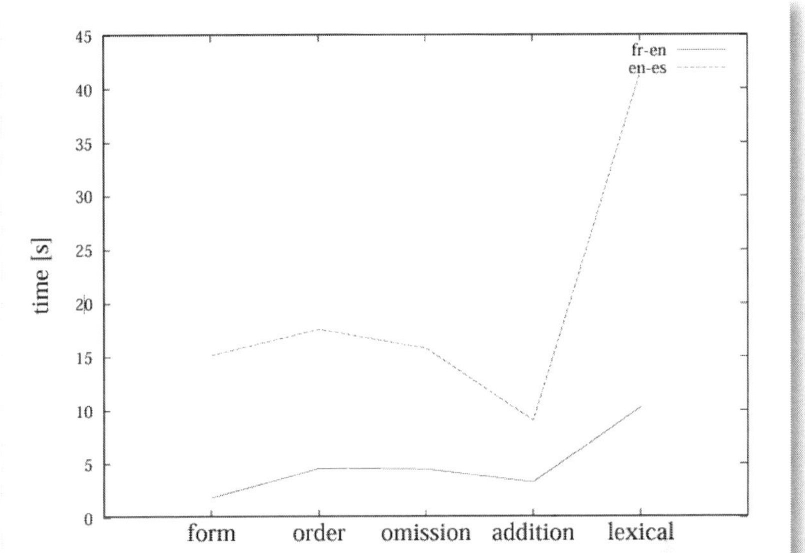

그림 1 프랑스어-영어 및 영어-스페인어 포스트에디팅 시 오류 유형별 에디팅 소요 시간 비교. (출처: Popović 등. 2014).

한영 포스트에디팅에서 수행된 한 연구에 따르면, 다의어 오역이나 단순 허위 오역에 비해 전문 용어 오류는 수정하기 어려우며, 원문에서 맥락상 생략된 정보로 발생한 기계 번역문의 오류는 수정 빈도가 더 낮고, 내

---

21 Maja Popović, Arle Lommel, Aljoscha Burchardt, Eleftherios Avramidis, and Hans Uszkoreit. 2014. Relations between different types of post-editing operations, cognitive effort and temporal effort. *In Proceedings of the 17th Annual Conference of the European Association for Machine Translation*, pages 191–198, Dubrovnik, Croatia. European Association for Machine Translation.

용에 대한 관련 지식이 없을 때 오류 발생 여부를 판단하기 어려운 오류의 경우에 수정 빈도가 가장 낮았다.[22] 이 결과 역시 오류를 수정하는 것보다 오류의 존재 유무를 판단하기가 더 어려움을 암시한다.

따라서, 꼼꼼하고 주의 깊이 원문을 읽으면서 오류를 찾는 노력이 정말 중요하다. 대학생을 대상으로 한 포스트에디팅 연구에서는 포스트에디터들이 실무 환경에서 요구되는 적절한 수준의 품질을 제공해야 하는 것은 맞지만, 기계 번역 결과물을 무비판적으로 수용하는 데서 많은 오류가 생긴다고 하였다.[23] 과학기술 분야 포스트에디팅에서도 원문을 분석적으로, 심지어 비판적으로 읽어야 하며, 전문 분야에 대해 자신이 가진 지식(또는 번역을 위해 사전 조사한 지식)을 최대한 활용하여 읽는 것이 필요하다. 내용이 잘 이해가 되지 않을 때는 검색이나 AI를 활용하여 읽는 것이 좋다. 또한, 포스트에디터는 마음속으로 (좀 미안하긴 하지만) 원저자들이 글솜씨가 그리 뛰어나지 않으며, 독자가 쉽게 이해하도록 친절하게 글을 써준 것도 아니라고 가정한 다음, 원문을 비판적으로 읽는 것이 좋다. 그래야 AI 번역 결과물을 일단 믿고 보는 누를 범하지 않는다. 사실, 원저자들도 '번역자가 나의 전문적인 연구 주제나 발명을 잘 이해해봤자 얼마나 잘 이해하겠어?'라는 비판적인 생각으로 우리의 번역문을 볼 것이고, 그래서 우리의 오류를 잘 찾아내게 될 것이다.

또 다른 질문 하나. 그렇다면 과학기술 분야 번역자는 어느 정도의 전문 분야 지식을 갖추어야 하는가? 번역자가 논문의 저자인 연구자나 특허

---

22 김자경. (2022). 한영 포스트에디팅에서 정확성 오류의 수정 양상 고찰. 번역학연구, 23(5), 91-117.

23 Ilse Depraetere. 2010. What counts as useful advice in a university post-editing training context? Report on a case. In *Proceedings of the 14th Annual Conference of the European Association for Machine Translation*, Saint Raphaël, France. European Association for Machine Translation.

를 출원하는 발명자만큼 해당 분야 또는 주제에 대한 전문 지식을 갖추기는 현실적으로 어렵다. 하지만, '초록'이나 '요약서' 또는 '서론' 부분에 나오는 내용의 용어들은 이해하는 것이 필요하다. 어렵다면 AI에게 요약해 달라고 하거나, 핵심 용어들에 대한 위키피디아의 설명을 읽어보거나, 해당 주제를 소개하는 유튜브 비디오를 볼 수도 있을 것이다. 번역에 앞서 약간의 시간을 주제 분야 조사에 사용하면 포스트에디팅에서 오류를 놓치는 실수를 방지하기가 훨씬 수월할 것이며, 좀 더 적확한 단어를 고르기가 쉬울 것이다. (전문 분야를 정하고 해당 지식을 기르는 좀 더 장기적인 방법에 대해서는 제5장 참조.)

이어지는 4장에서는 이들 오류 유형별로 포스트에디팅을 효과적으로 수행하기 위한 전략을 다룬다. 다만, 이 유형들이 엄격하게 구분되는 것은 아니며, 때때로 여러 유형의 오류나 수정 사항을 함께 다루어야 한다는 점을 기억하면 좋겠다.

4장

오류 유형별 포스트에디팅 전략

본 장에서는 3장에서 유형화한 오류 또는 수정 사항별로 오류를 식별하고, 올바로 수정하는 전략을 다룰 것이다. 대부분 예시를 중심으로 수정 전략을 설명할 것이며, 효율적인 포스트에디팅을 위해 AI를 활용하는 방법들을 함께 보여줄 것이다. AI 번역문이 언제든 바뀔 수 있다는 점과 최종 편집된 번역문의 평가는 평가자마다 달라질 수 있다는 점을 고려하여, 이 책은 작업 결과보다 주어진 AI 번역문에서 오류와 수정 사항을 인지하고 수정하는 과정에 집중할 것이다. 포스트에디터는 다양한 프롬프트를 사용하여 포스트에디팅 생산성과 정확성을 높일 방안을 찾을 수 있을 것이다. 각 오류 또는 수정 사항별로 제시하는 연습 문제를 풀어보면서 자신만의 전략을 찾아보자.

1. 용어 오류(Lexicon)

1) L1-전문용어 오류(전문 분야에 맞는 용어)

(1) '핍지교종'

매우 어려워 보이는 전문 용어이다. 문맥 없이 이 단어만 주어진다면,

대부분의 번역자가 도대체 어느 분야의 단어인지도 알아채기 어려울 정도로 생소한 단어일 것이다. 하지만 이처럼 어려워 보이는 전문 용어일수록 AI가 정확하게 번역할 가능성이 높다. 검색도 쉽고 번역 정확도도 높다. 구글 검색을 해도 되지만 일단 AI 에게 한번 물어본다.

프롬프트 "핍지교종이 영어로 뭐야?"

Perplexity | "핍지교종"의 영어 명칭은 oligodendroglioma입니다. 이 용어는 뇌나 척수에서 발생하는 신경교종의 일종으로, 희소돌기아교세포(oligodendrocyte)에서 기원한 종양을 의미합니다.

AI의 친절한 설명도 이해하기 어렵기는 하지만, 해당 용어를 찾는 것은 어렵지 않다. 용어를 찾았다면 구글 검색 엔진에 "핍지교종 oligodendroglioma"을 입력하여, 실제로 그 단어가 맞는지 확인하자. 조금 귀찮더라도, 이렇게 한번 더 검색을 통해 확인하면 '세종 대왕께 맥북을 드리는' 실수를 피할 수 있다. 당연하겠지만, 해당 한국어 단어와 영어 단어가 권위 있는 문서, 예를 들어, 백과사전, 논문 등에 병기되어 있는지 한 번 더 확인해야 한다. (최근 구글 검색 결과 최상단에는 구글의 AI인 'Gemini'의 대답이 노출되는데, 역시 '환각'의 문제가 있을 수 있으니, 함께 제공되는 링크나 다른 검색 결과를 통해 정확한 용어인지 더블체크하자.)

의외로, 문제는 쉬워 보이는 용어에서 주로 발생한다. 일상생활에서 사용되는 단어와 철자가 유사한 용어일수록 AI가 틀린 단어를 제시할 가능성이 높다. 그리고 그런 단어일수록 포스터에디터가 틀린 용어를 수정하지 않고 넘어갈 가능성이 높겠다. 예를 들어보자. 전문 용어 오류 중 필자가 가장 좋아하는 예이다.

(2) “저장성”

프롬프트 “저장성 지방 분해 조성물 및 그의 제조방법” (대한민국 특허: KR101873539B1)

Google | Storage-type fat-decomposing composition and method for producing the same

ChatGPT | Storage-Stable Lipolytic Composition and Its Manufacturing Method

Perplexity | Hypotonic lipolysis composition and its manufacturing method

Claude | “Fat-reducing composition for storage and its manufacturing method” or “Storage-stable fat decomposition composition and method for manufacturing thereof”

구글, ChatGPT, Claude가 ‘저장성’을 ‘storage’로 이해한 반면, Perplexity는 ‘hypotonic’으로 이해했다. 영민한 포스트에디터라면 여기에서 검색의 필요성을 직감해야 한다. (물론, 여러 AI 엔진을 돌려보는 것이 실수를 줄이는 데 도움이 된다는 것도 알아야 한다.) 어느 하나의 번역기가 용어 번역에서 다른 답을 내놓았다면, 더군다나 그 답변이 꽤나 전문적인 용어처럼 보인다면, 반드시 이를 확인해야 한다. (번역기들이 중국 ‘저장성浙江省’이라고 번역물을 내놓았다면 그저 한번 웃고 넘어갈 것이다.)

이를 확인 하는 방법은 여러 가지이다.

가장 간편한 것은 구글 번역의 대체 번역을 확인하는 것이다.

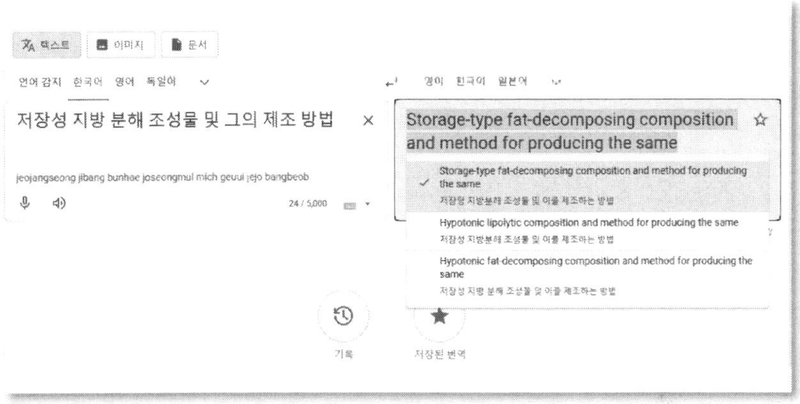

대체 번역문을 보는 것만으로도 '저장성'의 올바른 표현을 찾을 수 있다. 사실 이 예에서 구글 번역은 'storage-type'이라는 용어 번역문이 사실 '저장형'에 더 가깝다는 것을 고백하고 있다. 아마도 '저장성'이라는 한국어 단어가 'hypotonic'이라는 의미보다는 'storage'라는 의미로 훨씬 더 자주 사용되기 때문일 것이다. 하지만, 맥락을 고려하는 번역기는 'hypotonic'을 우선으로 제공한다.

원본 문서의 다른 부분에서 그 용어에 대한 설명이 있는지 확인.

- 본 제목은 대한민국 특허: KR101873539B1에서 가져온 것이다. 만약 포스트에디터가 이 출처를 알고 있고, 이를 검색할 수 있다면 가장 확실하게 확인할 수 있다.
- 예를 들어, 구글 특허 검색에서 https://patents.google.com/patent/KR101873539B1/ko 해당 특허를 찾아보면 Description에 나오는 특허의 명칭이 "저장성 지방 분해 조성물 및 그의 제조방법 {Composition for hypotonic lipolysis and manufacturing method

thereof}"로 되어 있는 것을 볼 수 있다. 'hypotonic'이 맞는 용어인 것이 확인되었다.

- 같은 웹페이지에서 Ctrl+F를 눌러 검색 창에 'hypotonic'을 입력하면 "상기 염화나트륨은 낮은 삼투압 용액(또는 hypotonic solution)(또는 상기 저장성 용액)을 제조하기 위한 용도로 사용한다."라는 문장을 찾을 수 있다. 다시 한번 'hypotonic'이 맞는 용어인 것으로 확인되는 순간이다. 동시에, 저장성 용액이 '낮은 삼투압 용액'의 다른 표현임을 이해할 수 있다. (그러고 보니, 중학교 때 삼투압에 대해 배운 기억이 날 것이다.)
- 이참에 지식을 넓히기 위해 가장 정확한 용어를 제시해준 (그래서 승자가 된) Perplexity에 '저장성 용액이 뭔지 설명해줘.'라고 부탁한다. 그러면, 고장성 용액(hypertonic solution), 등장성 용액(isotonic solution), 그리고 저장성 용액(hypotonic)이라는 용어까지 친절히 그림까지 보여주면서 설명해 준다. 동시에 'hyper-,' 'iso-,' 및 'hypo-'라는 접두어의 의미까지 되새기게 된다. 그리고, 이러한 성질을 가리켜 'tonicity(긴장성)'이라고 부른다는 사실을 챙겨보자. 그러면 일단 포스트에디터로서 용어에 대한 확신과 더불어 상식을 넓히고, 단어와 개념까지 수집했으니, 아주 흡족한 작업이 된다.

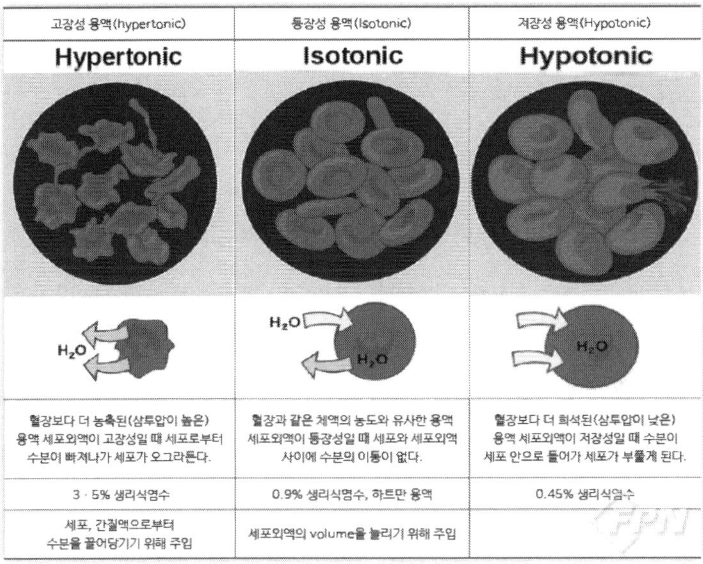

Perplexity에 '저장성 용액이 뭔지 설명해줘.'라고 요청을 보냈을 때 보여주는 그림 중 하나.
출처: https://d2u1z1lopyfwlx.cloudfront.net/thumbnails/e6c3836c-f279-5787-a8e2-f019a2a30dbc/b301f723-40dc-5e9f-bf24-e599669901b8.jpg

연습 문제

"고장성 용액(hypertonic solution), 등장성 용액(isotonic solution), 그리고 저장성 용액(hypotonic)을 실생활에서 예를 들어 설명해줘"라고 AI에게 요청해 보자.

(3) 증발 가스

이 정도 용어는 누구나 아는 것 아닌가 하는 생각이 들지 모른다. 증발은 evaporation이고 가스는 gas니, 'evaporation gas'라는 내적 확신이 든다면, 세종 대왕과 맥북을 떠올리자. 꺼진 불도 확인 또 확인.

원문 김박사는 "이번에 개발된 시스템은 가장 효율적인 증발 가스 재액화 처리 장치로서 선박의 운항 유형에 따라 유연하고 효과적인 대응을 가능케 한다"라고 말했다.

Google | Dr. Kim said, "The system developed this time is the most efficient evaporative gas re-liquefaction treatment device, enabling flexible and effective response depending on the vessel's operation type."

Claude | Dr. Kim stated, "The system developed this time serves as the most efficient evaporative gas re-liquefaction processing device, enabling flexible and effective responses according to different vessel operating types."

DeepL | "The system we have developed is the most efficient evaporative gas re-liquefaction treatment unit available, enabling flexible and effective response depending on the type of ship's operation," said Dr. Kim.

Perplexity | Dr. Kim said, "The system developed this time is the most efficient evaporation gas re-liquefaction processing device, enabling flexible and effective responses according to the ship's operation type."

ChatGPT | Dr. Kim said, "The newly developed system is the most efficient boil-off gas reliquefaction unit, enabling flexible and effective responses depending on the ship's operating conditions."

Grok | Dr. Kim said, "The system developed this time is the most efficient boil-off gas reliquefaction processing device, enabling flexible and effective responses depending on the type of ship operation."

번역문의 다른 부분은 신경 쓰지 말고 우리가 관심을 갖고 있는 용어에만 초점을 맞추어 보자.

'증발 가스'에 해당되는 용어로 'evaporative gas'를 선택한 번역기가 많았지만, ChatGPT와 Grok는 'boil-off gas'를 선택했다. 이런 결과를 받아 보면, 역시 다시 한번 검증이 필요하다는 생각이 든다. 사실, 액체가 증발하여 기체 즉 가스가 되는 것은 어디에서나 흔히 일어나는 일이며, '증발'이나 '가스'나 매우 친숙한 단어들이다. 하지만 친숙하고 쉬워 보일수록 전문 용어를 놓칠 가능성이 높아진다. 'boil-off gas'라고 구글에 검색해 보면, 이 용어가 조선해양공학 분야에서, 특히 LNG 운반선의 맥락에서 'BOG'라는 약어로 불릴 만큼 전문적으로 사용되는 용어임을 알 수 있다.

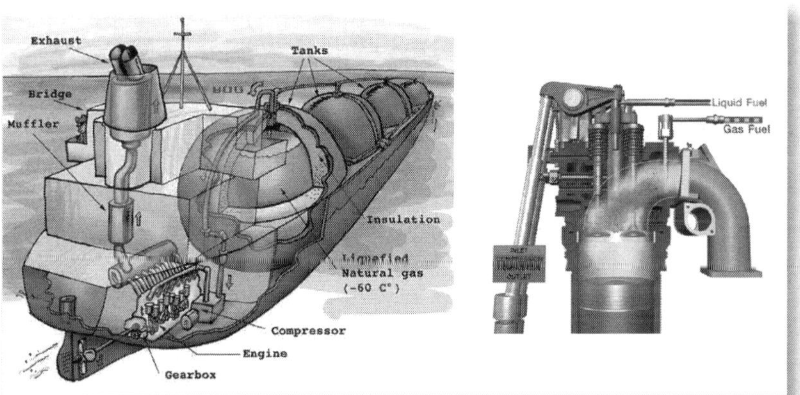

출처: https://amarineblog.com/2020/11/16/what-is-boil-off-gas-and-estimating-of-bog-rate/

연습 문제

Grok에게 추가로 질문을 해보자. "LNG 운반선에서 'oil-off gas'가 무엇인지 설명해줘."

(4) '주행거리'

원문 이제 환경부 '무공해차 통합누리집' 데이터를 바탕으로 전기차 주행거리 순위를 알아보겠습니다.

Google | Now, let's look at the ranking of electric vehicle driving distances based on data from the Ministry of Environment's 'Integrated Zero-Emission Vehicle Portal'.

DeepL | Now, let's see how EVs rank in terms of mileage based on data from the Ministry of Environment's Integrated Account of Zero Emission Vehicles.

Claude | Now, I will determine the electric vehicle driving range ranking based on data from the Ministry of Environment's 'Zero-Emission Vehicle Integrated Portal'.

ChatGPT | Now, let's take a look at the rankings of electric vehicle driving ranges based on data from the Ministry of Environment's 'Zero-Emission Vehicle Integrated Website.'

- 전기차의 '주행 거리'는 일회 충전 후에 얼마만큼의 거리를 주행할 수 있느냐를 나타내는 값이다(1회 충전 주행거리). 내연 기관 차량은 짧은 시간 주유만 해도 주행 가능 거리를 금방 늘릴 수 있지만, 전기차는 충전 시간도 많이 소요되고, 충전소도 주유소만큼 많지 않기 때문에, '주행 거리'가 중요하다. 전기차 제조사들은 어떻게든 전기차의 '주행 거리'를 늘리기 위해 노력하고 있다.
- Google은 '주행 거리'라는 한국어 용어의 의미를 직역한 것 같다. 하

지만 'driving distance'는 어떤 사람이 운전을 한 거리라는 의미로 느껴진다. 그런 의미라면 '전기차 주행 거리 순위'를 정할 수가 없을 것이다.

- DeepL은 'mileage'를 선택했는데, 이는 '연비'에 가까운 말이다. 예를 들어, 휘발유 1리터로 몇 킬로미터를 주행할 수 있는가 (km/L), 아니면 100 KM를 가는데 필요한 연료량이 몇 미터인가(L/100 km)에 해당되는 용어이다. 전기차에서는 '전비'라는 말을 쓴다. 즉, 에너지 효율성을 나타내는 말이다.
- Claude와 ChatGPT가 선택한 'driving range' 또는 'range'가 전기차의 '주행 거리'에 해당되는 전문 용어이다. 1회 충전하여 얼마나 먼 거리를 주행할 수 있는가를 나타내는 것이다.
- 첨단 과학은 아닐지라도, 대한민국의 주력 산업에 대한 관심을 갖고 있다면 이런 용어를 정확하게 골라 쓸 수 있을 것이다.

연습 문제

1. 이번엔 Claude에게 "EREV이 뭐야?"라고 질문해 보자.
2. 이번엔 Perplexity에게 "무공해차 통합누리집 기준 주행거리 순위 알려줘"라고 질문해 보자. 2024년 기준 1회 충전 주행 거리가 1위인 차량이 무엇인가?

(5) '신경 치료'

원문 치수의 손상이 심각할 경우, 신경 치료가 실시되어야 한다.

DeepL | "If the damage to the pulp is severe, nerve therapy should be performed."

Claude | If pulp damage is severe, root canal treatment should be performed.

ChatGPT | If the damage to the pulp is severe, root canal treatment (endodontic therapy) must be performed.

- '신경 치료'는 우리가 친숙하게 사용하는 용어로서, '신경을 건드리는 듯한 그 통증' 때문에, DeepL처럼 'nerve therapy'라고 자연스럽게 받아들일 수 있다. 하지만 치과에서 쓰는 용어는 '근관 치료'이며, 실제로 '신경'을 치료하지는 않는다. (참고: https://dentalblog.tistory.com/12) ChatGPT가 제시한 두 용어 root canal treatment와 endodontic therapy 모두 맞는 표현이다.
- 역시 AI 번역기는 두 개 이상 돌려보는 것이 안전함을 알 수 있다.

(6) '수식'

원문 상기 발현벡터는 숙주세포에 따라서 단백질의 발현량과 수식 등이 다르게 나타나므로, 목적에 가장 적합한 숙주세포를 선택하여 사용함이 바람직하다.

Google | Since the above expression vector shows different protein expression amounts and formulas depending on the host cell, it is desirable to select and use the host cell most suitable for the purpose.

DeepL | Since the expression vectors have different expression amounts and formulas depending on the host cell, it is recommended to select and use the most appropriate host cell for the purpose.

ChatGPT | The above expression vector shows varying levels of protein expression and modifications depending on the host cell, so it is advisable to select and use the host cell that is most suitable for the intended purpose.

Perplexity | The expression levels and modifications of proteins from the aforementioned expression vector may vary depending on the host cell. Therefore, it is advisable to select and use the most suitable host cell for the intended purpose.

- 일단, 우리의 관심 단어는 '수식'이다. Google과 DeepL은 수학 공식 등을 의미하는 'formula'를 사용했는데, 단백질이 수학 공식을 사용하지는 않을 테니, 포스터에디터라면 여기 뭔가 이상한 점이 있음을 감지해야 할 것이다. ChatGPT와 Perplexity는 'modifications'를 선택했다. 여기서 '수식'은 꾸며준다는 것이다. 단백질이 만들어지면 세포는 이런저런 분자들을 붙여서 단백질을 꾸며준다. (그렇다고 decoration은 아니다.) 따라서 modification이 맞는 용어이고, 실제로 검색해 보면 이를 알 수 있다.
- 또 다른 용어 '발현량'에서는 'expression level'이 'amount of expression' 보다 더 흔히 사용되는 용어이므로 이를 선택할 것이다. (특허 문

헌이라면 '바람직하다'는 desirable이나 advisible 보다는 'preferable'이 바람직하다.)

추천 번역문 | Since the expression vectors show different protein expression levels and modifications depending on the host cell, it is preferable to select and use a host cell that is most suitable for the purpose.

(7) '유연 물질'

원문 로수바스타틴의 경우 일반적으로 강산성 조건에서 불안정하고 에제티미브의 경우 강한 염기성 환경에서 불안정하여 다수의 유연 물질이 생성되므로 이들 두 약물의 복합제제 제조 시 활성성분의 안정성을 확보하기 어렵다는 문제가 있다.

DeepL | Rosuvastatin is generally unstable in strong acidic conditions and ezetimibe is unstable in strong basic environments, resulting in the formation of a number of flexible substances, making it difficult to ensure the stability of the active ingredient in the preparation of combination formulations of these two drugs.

Google | In the case of rosuvastatin, it is generally unstable under strongly acidic conditions, and in the case of ezetimibe, it is unstable under strongly alkaline environments, and many flexible substances are generated, so there is a problem that it is difficult to secure the stability of the active ingredient when manufacturing a combination preparation of these two drugs.

DeepSeek | Rosuvastatin is generally unstable under strong acidic conditions, while ezetimibe is unstable in strong alkaline environments, leading to the formation of numerous degradation products. As a result, ensuring the stability of the active ingredients in a combination formulation of these two drugs poses a significant challenge.

Grok | In the case of rosuvastatin, it is generally unstable under strongly acidic conditions, while ezetimibe is unstable in strongly basic environments, leading to the formation of numerous impurities. As a result, there is a problem in ensuring the stability of the active ingredients when manufacturing a combination formulation of these two drugs.

Claude | In the case of rosuvastatin, it is generally unstable under strongly acidic conditions, while ezetimibe is unstable in strongly basic environments, resulting in the formation of multiple related substances. Therefore, when manufacturing combination drugs containing these two active ingredients, there is a challenge in ensuring the stability of the active ingredients.

- 점점 더 어려워진다. 하지만, 아직 L1 전문 용어 오류를 다루고 있으니, 문장 전체를 고쳐야겠다는 압박을 느끼지는 말자.
- 포스트에디터가 이상함을 감지한다. 일단 '유연 물질'이 부정적인 뉘앙스로 쓰였다는 것을 문맥을 통해 알 수 있으나, DeepL이나 Google의 번역처럼 '융통성이 있거나 잘 휘어지는 물질'이라는 뜻은 아닌

것 같으니 말이다. DeepSeek는 '분해 산물'이라는 표현을 내놓았으나 '유연'이라는 한자어와 연결시키기는 쉽지 않아 보이다. Grok도 부정적인 뉘앙스를 눈치채고 '불순물'이라고 번역했으나, '불순물'은 'impurities'라는 명확한 단어가 있으니 의문이 계속 남아 있다. 그렇다고 '무연휘발유'의 '무연'의 반대말로 '유연'이라면, 납이 함유되어 있다는 뜻인데, 부정적인 뜻이기는 하나 이 문맥에서 그 용어는 아닌 것 같다. 이럴 때는 가볍게 구글 검색만 해보아도 답이 나온다. 유연물질은 related substances인 것이다. 그러고 보니, '유연'이란 '인연(관련)이 있는'이라는 뜻인 것 같다.

연습 문제

Gemini에게 '유연 물질이 뭔지 설명해줘'라고 물어보자. 왜 부정적인 의미를 갖는지, 그리고 어떤 종류가 있는지 알아보자.

(8) '진통'

원문 "염증은 진통에 필요한 생리학적 시스템들을 활성화하는 신호전달 경로를 개시하는 것으로 여겨지는 염증성 시토카인의 상승된 수준과 연관되어 있다."

Google | Inflammation is associated with elevated levels of inflammatory cytokines, which are thought to initiate signaling pathways that activate physiological systems necessary for pain relief.

DeepL | Inflammation is associated with elevated levels of pro-inflammatory cytokines, which are thought to initiate signaling pathways that activate physiological systems necessary for analgesia.

ChatGPT | Inflammation is associated with elevated levels of inflammatory cytokines, which are believed to initiate signaling pathways that activate the physiological systems required for pain relief.

- 세 번역기 모두 "진통"을 일반적인 고통을 줄여 주는 것(鎭痛)으로 번역했다. 아마 대부분의 번역자들이 큰 의심 없이 이를 받아들일 것이다. 하지만, 영민한 포스트에디터라면, '진통'이 '진통제'와 같이 외부적으로 도움을 주어서 달성하는 것이지, 몸 속 신호전달 경로를 개시한다고 이루어지는 것이 아닐 것같다는 생각을 해야 한다. 심지어 '염증성 시토카인'이 상승된 것과 연관되어 있다고 하니, 무언가 이상함을 감지해야 한다. 자세한 건 몰라도, '염증성 무언가'가 상승되었는데 진통 효과가 나타나지는 않을 것 같으니까 말이다. 용어 확인이 필요한 시점이라는 것을 알아채야 한다.
- 이상함을 감지했기를 바라며, 이제 이 문장 바로 앞에 나오는 문장을 추가하여 번역기를 돌려보자. (사실, 일반적인 번역 작업 관행이라면, 이미 문맥을 번역기에 제공했을 것이다. 본 예는 번역기 활용 방법을 예시하기 위해 의도적으로 만든 것임을 이해해 주기 바란다.)

원문 "프로스타글란딘은 자궁근층 수축 및 자궁경부 성숙과 연관되어 있다. 염증은 진통에 필요한 생리학적 시스템들을 활성화하는 신호전달 경로를 개시하는 것으로 여겨지는 염증성 시토카인의 상승된 수준과 연관되어 있다."

Google | Prostaglandins are associated with myometrial contractions and cervical maturation. Inflammation is associated with elevated levels of inflammatory cytokines, which are thought to initiate signaling pathways that activate physiological systems required for labor.

DeepL | Prostaglandins are associated with myometrial contraction and cervical maturation. Inflammation is associated with elevated levels of proinflammatory cytokines, which are thought to initiate signal transduction pathways that activate physiological systems necessary for labor.

ChatGPT | Prostaglandins are associated with uterine myometrial contraction and cervical maturation. Inflammation is associated with elevated levels of inflammatory cytokines, which are believed to initiate signaling pathways that activate the physiological systems required for pain relief.

- ChatGPT는 아쉽게도 용어를 변경하지 않았지만, Google과 DeepL은 그 문맥이 ('자궁'이 관련된) 출산이라는 것을 파악하고, '진통'을 출산 시의 고통에 해당되는 'labor'로 바꿔 주었다(陣痛). Google과 DeepL 모두 문맥을 고려한다는 것을 보여주는 예이다.
- 교훈점은? 문맥에 맞는 용어를 찾기 위해, 앞뒤 몇 문장을 함께 번역기에 넣어주는 것이 좋을 수 있다는 것이다. Google과 DeepL과 같은 번역기들이 점점 더 많은 리소스를 사용하여 문맥을 고려한 번역을 제공하고 있다는 점도 확인된다. 포스트에디터로서 이러한 기술을 최대한 활용하는 것이 중요하다.

(9) '저밀'

원문 "이중 CE12 및 CE23은 5환식 고리를 가지면서도 실릴 또는 저밀 치환기가 없는 것이어서, 상기 효과는 5환식 고리에 의한 것이 아니라 실릴 또는 저밀 치환기로 인한 것으로 인정된다."

DeepL | "Among them, CE12 and CE23 have a 5-membered ring but no silyl or low density substituents, so that the effect is recognized to be due to the silyl or low density substituents and not due to the 5-membered ring."

ChatGPT | "Among them, CE12 and CE23 possess a five-membered ring but lack silyl or low-density substituents. Therefore, the observed effect is attributed to the silyl or low-density substituents rather than the five-membered ring."

Perplexity | "Although CE12 and CE23 possess a 5-membered ring, they lack silyl or low-density substituents. Thus, the observed effect is concluded to originate not from the 5-membered ring but rather from the presence of silyl or low-density substituents."

- 세 번역기 모두 '저밀'을 '저밀도'로 이해했다. ('저밀도'를 형용사로 쓰려면, low와 density 사이에는 하이픈을 넣어주어야 한다.) 뛰어난 포스트에디터라면 뭔가 이상함을 눈치채야 한다. '실릴'은 영어 이름처럼 번역했지만, '저밀'은 갑자기 한자어인 것처럼 번역했기 때문이다. '실릴'과 '저밀'로 라임도 맞추었는데 말이다. 그렇다면 화학 분야에 'jeomyl'이나 'zeomyl'이나 'germyl' 같은 단어가 있을지도 모른다는 생각을 해야 한다.

• 과연, 검색을 해보니,'germyl'이라는 화학 구조가 존재하고 "an anion containing germanium bounded with three hydrogens"이라고 한다. 생긴건 이렇다고 한다.

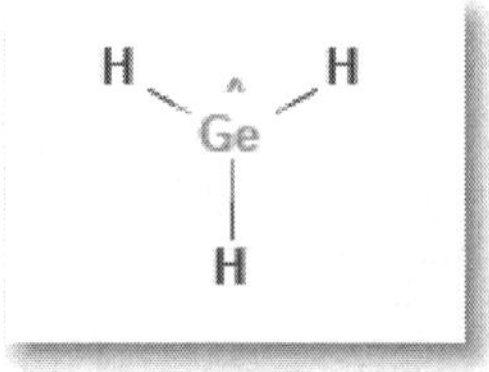

출처: https://pubchem.ncbi.nlm.nih.gov/compound/Germyl#section=2D-Structure

• 아니 이거 '게르마늄이잖아!'라고 생각했다면 당신은 옛날 사람(혹은 아재… 등등). 이제는 교과서에서도 '게르마늄'이 아니라 '저마늄'으로 알려준다.[24]

• 세대 구분의 당혹감을 잠시 접어 두고, Perplxity의 번역문을 가져다 수정한다면, "Although CE12 and CE23 possess a 5-membered ring, they lack silyl or germyl substituents. Thus, the observed effect is concluded to originate not from the 5-membered ring but rather from the presence of silyl or low-density substituents."가 될 것이다.

(혹시 갑자기 게르마늄 팔찌의 효능이 궁금하다면, YTN 사이언스 "[과학 돋보기] 우리가 믿고 있는 유사과학의 실체" (https://youtu.be/lpyWB5D-n9ic) 참조.)

---

24 인터넷자료: 조재휘, "[세컷뉴스] 아재들은 생소한 과학용어 1탄…교과서에 나오는 용어로 세대 구분 가능," 시선뉴스, 2021년 8월 3일, https://www.sisunnews.co.kr/news/articleView.html?idxno=144539

L1 - 종합 연습 문제

1. AI 에 다음 프롬프트를 넣어보고, 그 결과를 토의해 보자.

- **프롬프트 |** '조류'라는 단어가 '해조류'와 '새' 그리고 '해류'의 의미로 혼동될 수 있는 문장을 5개 만들어줘. 바다라는 단어를 넣어서 학술적인 문장으로 작성해줘.
- 이 5개 문장을 영어로 번역해줘.

2. 다음 번역문 중에서 하이라이트된 단어에 해당되는 정확한 용어를 찾아 보자.

1) **원문 |** 표지물질이 효소인 경우에는 효소 활성을 측정할 수 있는 기질 및 반응 정지제를 포함할 수 있다.

DeepL | If the label is an enzyme, it can include a substrate and a reaction stopper to measure enzyme activity.

답: quenching agent

2) **원문 |** 미생물은 시토카인의 방출을 도출하는 수용체에 의해 인식되는데, 이는 다시 프로스타글란딘, 다른 염증 매개인자 및 매트릭스 분해효소의 생성을 자극한다.

DeepL | Microbes are recognized by receptors that elicit the release of cytokines, which in turn stimulate the production of prostaglandins, other inflammatory mediators, and matrix-degrading enzymes.

답: matrix metalloproteinases: MMP

3) **원문** | 임신 연령을 측정하는 방법에는 태아의 머리-엉덩이 길이와 같은 태아 크기의 초음파검사 측정을 기준으로 하는 방법이 포함된다.

DeepL | Methods for determining gestational age include methods based on sonographic measurements of fetal size, such as fetal head-to-hip length.

답: crown-rump length: CRL

4) **원문** | KRISO가 해수온도차발전 국제표준화 주도한다. 프로젝트 팀은 2026년까지 표준 개발을 완료할 계획이다. 향후 이 표준안이 국제표준으로 승인되면 해수온도차발전의 출력 성능에 대한 객관적인 평가 기법이 세계 최초로 정립되어 체계적인 기술 개발과 더불어 기술 상용화를 앞당길 수 있을 것으로 기대된다.

Google | KRISO is leading the international standardization of ocean water thermal energy conversion. The project team plans to complete the development of the standard by 2026. If this standard is approved as an international standard in the future, it is expected that an objective evaluation technique for the output performance of ocean water thermal energy conversion will be established for the first time in the world, which will lead to systematic technology development and advance technology commercialization.

답: ocean thermal energy conversion (OTEC)

5) **원문 |** 합성가스는 천연가스와 달리 인공적으로 만든 가스로, 바이오매스나 폐기물의 가스화 또는 산업 공정에서 발생하는 부생가스를 활용해 지속적으로 확보할 수 있다.

Google | Synthetic gas, unlike natural gas, is an artificially created gas that can be continuously secured by utilizing the gasification of biomass or waste or by-product gas generated from industrial processes.

위 AI 번역문에서 더 정확한 용어로 고칠 수 있는 것이 있는지 찾아보자.

답: syngas

6) **원문 |** 최근 유전체 염기서열 분석기술의 발달로 미생물 유전체 내 생합성 유전자군의 서열 데이터가 대량으로 축적됨에 따라, 이를 활용해 미생물 유래 신규 천연물 의약품 발굴 연구가 활발히 이루어지고 있다.

DeepL | With the recent development of genome sequencing technology, a large amount of sequence data of biosynthetic gene families in microbial genomes has been accumulated, and research on the discovery of new natural products derived from microorganisms is being actively conducted.

위 AI 번역문에서 더 정확한 용어로 고칠 수 있는 것이 있는지 찾아보자.

답: biosynthetic gene cluster

7) **원문** | 방선균의 유전체의 GC 비율은 70% 정도로 매우 높다.

Google | The GC ratio of the genome of actinomycetes is very high, at around 70%.

위 AI 번역문에서 더 정확한 용어로 고칠 수 있는 것이 있는지 찾아보자.

본 책 '4.3.5. C5 - 기타 수정 사항' 참조.

2) L2 – 일관성 오류

영어는 반복을 싫어한다지만, 과학기술 번역처럼 정보 전달 위주의 텍스트에서는 얘기가 좀 다르다. 번역의 정확성이 매우 중시되기 때문에, 동일 단어의 어색한 반복을 무릅쓰고서라도 가능한 한 정확성을 유지해야 한다.

AI 번역기는, 특히 긴 문서를 다룰 때, 원문상 동일한 단어나 구가 등장해도 다른 번역 표현을 제시하는 경우가 많다. 포스트에디터는 문서 전체를 관통하면서 동일한 물건, 동일한 인물, 동일한 사상에 각각 동일한 용어나 표현으로 번역되도록 노력해야 한다. CAT의 번역 용어집이나 번역 메모리가 도움이 될 수 있겠으나, 용어집이나 메모리에 들어 있는 단어나 구가 언제나 일대일 대응이 되는 것은 아니기 때문에, 포스트에디터는 가장 적합한 하나의 용어를 선택하고 이를 문서 전체에 일관성 있게 사용해야 한다.

'그러면 무엇이 가장 적합한 용어인가?'에 대해서는 여러 가지 의견이 있을 수 있겠다. 문헌 데이터베이스에서 가장 많이 사용되는 용어일 수도 있고, 학술지와 같은 공식적인 문헌에 가장 자주 등장하는 용어일 수도 있고, 포스트에디터가 선호하는 용어일 수도 있다. 때로는, 매끄러운 문장을 완성하는 데 필요한 모양으로 된 용어일 수도 있고 (예를 들어, 명사 또는 동명사 중 하나를 선택), 예상 독자의 지식수준에 맞는 용어일 수도 있다. 따라서 포스트에디터가 여러 요소들을 고려하여 신중히 선정할 수 있다. (이 또한 용어 선정이 AI에게만 맡겨 놓을 수 있는 문제가 아님을 여실히 보여준다.)

하지만 포스트에디터의 고려 사항보다 우선적으로 용어 선택을 제한하는 요소들도 있다. 번역 대상 문서 내에 원문의 저자가 원하는 영어 단어를 병기해 놓았다면 이를 최대한 그대로 사용한다. 예를 들어, 한글로 된 과학기술 논문도 제목(Title)과 초록(Abstract), 그리고 핵심어(key words), 그리고 그림 설명은 영어로 작성하는 경우가 많다. 우리가 찾는 용어가 이 부분에 영어로 나와 있다면 단어가 저자가 선호하는 용어이므로, 이를 그대로 사용하는 것이 좋다. 한 가지 유용한 방법은, 논문 마지막 부분에 나오는 참고 문헌(References)에 인용된 논문이나 기타 자료들을 인터넷에서 검색해 보는 것이다. 그러면 적합한 번역 용어가 무엇인지에 관한 힌트를 많이 얻을 수 있다. 특허 문서에서도 명세서상 제목(Title)과 요약서(Abstract), 도면 (Drawings), 그리고 국제조사보고서(International Search Report) 상에 검색어로 저자가 선호하는 용어가 이미 제시되어 있을 것이다. 별문제가 없다면 이를 최대한 활용하자(참고로, PCT 출원용 특허 번역에서는 원문에 나오는 영문 제목과 영문 요약서를 수정 없이 그대로 사용해야 한다는 점에 유의하자.) 원문의 저자가 선택한 용어가 틀린 것이거나 부적합한 것이 아니라면 그대로 사용하는 것이 의뢰인의 만족도를 높이는 데 도움이 된다. 반드시 다른 용어를 써야 한다는 확신이 들면, 포스트에디터가 다른 용어를 제안하는 이유를 상세히 설명해 주고, 원문 저자의 확인을 받자.

일관성 유지가 특히 중요한 부분은 동일한 사상이 반복되는 경우이다. 논문에서는 초록과 결론 부분에서 유사한 내용이 반복되곤 한다. 특허 명세서에서는 동일한 내용이 반복되는 경우가 더욱 많다.[25] 예를 들어, 청구항에 나오는 내용이 [과제해결수단] 소제목 하에 약간의 차이만 가지고 거의 그대로 등장하며, [발명의 실시를 위한 형태] 소제목 하에도 다시 반

25 특허 명세서 양식의 견본을 보려면 특허청 '특허로' 사이트 참조. (http://dtox.patent.go.kr/main/getSpecForm.kipo)

복되는 경우가 많다. [도면의 간단한 설명]도 [발명의 실시를 위한 형태] 부분에 반복되는 경우가 많다. 또한 [실시예] 부분에서도, 공정한 비교를 위해 동일한 재료와 실험 방법을 사용한 것을 반복하여 설명하는 경우가 잦다. 이 경우, 같은 내용에 대해서는 정확성을 위해 같은 표현을 반복하는 것이 좋다.

몇 가지 예를 생각해 보자. 화학에서 '완충제'는 산이나 염기를 첨가했을 때 pH가 급격하게 변하는 것을 막아주는 물질이다(택배 상자에 들어 있는 '완충재'와는 구분하자). 이것은 'buffer'로 번역할 수 있지만, 'buffering agent'라고 해도 무방하다. 둘 다 호환 가능한 용어라고 해서, 포스트에디터가 어느 문단에서는 'buffer'라고 했다고, 다른 문단에서는 'buffering agent'라고 하면 일관성이 떨어질 것이다. 소포제는 'defoamer,' 'anti-foaming agent' 또는 'anti-foamer'로 번역할 수 있다. 역시 이 세 가지 단어가 같은 의미라고 해서, 이를 같은 문서에서 혼용한다면 혼란을 일으킬 수 있다. AI는 '레올로지 '조절제'를 'rheology-regulator,' 'rheology-controller,' 'rheology-adjuster' 등으로 번역할 것이다. 포스트에디터는 이 중 하나를 신중히 선정해야 한다. (또한, '완충제'로 'buffer'를 선택했다면, 즉, 더 짧고 간단한 단어를 사용하기로 결정했다면, '소포제'로 'anti-foaming agent' 보다는 'defoamer'나 'anti-foamer'를 선택하고, '안정화제'로 'stabilizing agent' 대신 'stabilizer'를 선택하는 것이 좋을 것이다. 일종의 단어 간 일관성이다.)

L2 - 연습문제

1. 한국어로 작성된 다음 두 논문을 영어로 번역한다면 약어 'OLED'를 각각 무엇으로 결정해야 하는지 찾아보자.

1) "MoOx를 사용한 청색 형광 Tandem OLED의 발광 특성" Emission Characteristics of Blue Fluorescence Tandem OLED Using MoOx" (Kwak, Tea-Ho, and Ju, Sung-Hoo. "Emission Characteristics of Blue Fluorescence Tandem OLED Using MoOx," *Journal of the Korean Institute of Surface Engineering* 47, no. 3 (June 30, 2014): 104-8. doi:10.5695/JKISE.2014.47.3.104.)

2) "n-채널 OLED 구동 박막 트랜지스터의 문턱전압 변동을 보상할 수 있는 OLED 화소회로" Chung, Hoon-Ju. "An OLED Pixel Circuit Compensating Threshold Voltage Variation of n-channel OLED·Driving TFT," *The Journal of Korea Institute of Information, Electronics, and Communication Technology* 15, no. 3 (June 28, 2022): 205-10. doi:10.17661/JKIIECT.2022.15.3.205.

2. 한글로 작성된 논문인 Lee, Hyomin. "Analysis of Preconcentration Dynamics inside Dead-End Microchannel." *Korean Chemical Engineering Research* 61, no. 1 (February 1, 2023): 155-61. doi:10.9713/KCER.2023.61.1.155. 을 참조하여, 아래 나오는 AI 번역문을 수정해 보자.

1) **원문 |** "Fig. 5(a)는 인가 전압별 농축비 변화를 보여준다. 인가 전압이 높아질수록 최대 농축비는 근사적으로 선형 증가함을 알 수 있다."

ChatGPT | "Fig. 5(a) shows the change in concentration factor according to the applied voltage. It can be seen that the maximum concentration factor increases approximately linearly as the applied voltage increases."

2) **원문 |** "기존의 이온 농도 분극 현상을 이용한 농축에서는 분석 물질의 전기적 이동과 대류 이동이 평형을 이루는 지점에서 농축이 일어난 다[5,10]"

ChatGPT | "In conventional concentration methods utilizing ion concentration polarization (ICP), concentration occurs at the point where the electrophoretic movement and convective transport of the analyte reach equilibrium [5,10]."

3. 한글로 작성된 논문인 Bae, Jae-Hyun, Lee, Hyun Seop, Park, Jaehong, Nishizawa, Hideaki, Kinoshita, Masaharu, and Jeong, Hae Do. "Effect of Pad Thickness on Removal Rate and Within Wafer Non-Uniformity in Oxide CMP." *Journal of the Korean Institute of Electrical and Electronic Material Engineers* 23, no. 5 (May 1, 2010): 358-63. doi:10.4313/JKEM.2010.23.5.358. 을 참조하여, 아래 나오는 AI 번역문을 수정해 보자.

1) **원문 |** 본 연구에서는 패드의 두께가 산화막 CMP의 연마율과 연마 균일도에 미치는 영향에 대해 연구하였다. 패드의 점탄성 측정 결과를 통해 상부패드가 두꺼워질수록 1차 탄성률이 커지고, 2차 탄성률은 감소함을 알 수 있었다.

ChatGPT | In this study, the effect of pad thickness on the removal rate and uniformity in oxide CMP was investigated. Viscoelastic measurements of the pad revealed that as the top pad becomes thicker, the primary modulus increases while the secondary modulus decreases.

2) **원문 |** 본 연구에서는 패드의 두께가 산화막 CMP의 연마율과 연마 균일도에 미치는 영향에 대해 연구하였다. 패드의 점탄성 측정 결과를 통해 상부패드가 두꺼워질수록 1차 탄성률이 커지고, 2차 탄성률은 감소함을 알 수 있었다.

Google | In general, when the elasticity of the pad in contact with the wafer is different, the polishing rate varies depending on the difference in polishing pressure [3,10], so the first elasticity and polishing rate of the pad according to the pad type were investigated.

4. 다음은 특허 명세서의 일부분이다. 원문과 비교하여 일관성의 관점에서 AI 번역문을 수정해 보자.

원문 | 이러한 셀 파우치는 일반적으로 금속층의 일측면을 표면 처리하

는 제1 공정, 금속층의 타측면을 표면 처리하는 제2 공정, 일측면에 외층을 합지하는 제3 공정, 타측면에 실란트층을 합지하는 제4 공정의 순으로 진행되어 제조된다.

AI번역문 | Such a cell pouch is generally manufactured by proceeding in the order of a first step of surface-treating one side surface of a metal layer, a second step of surface-treatment of the other side surface of the metal layer, a third step of bonding an outer layer to the one side surface, and a fourth step of bonding a sealant layer to the other side surface.

5. 다음은 KR102086536B1 "리튬 이차전지용 양극 활물질 전구체 및 양극 활물질의 제조방법" 특허 명세서(등록특허 10-2086536)의 일부분이다. '제조'라는 동일한 단어를 번역한 AI 번역문을 일관성의 관점에서 논의해 보자.

1) **원문 |** 또한, 본 발명은 상기 양극 활물질 전구체를 리튬 함유 원료 물질과 혼합한 후 소성하는 단계를 포함하는 리튬 이차전지용 양극 활물질의 제조방법을 제공한다.

ChatGPT | In addition, the present invention provides a method for producing a cathode active material for a lithium secondary battery, the method comprising a calcination step after mixing the cathode active material precursor with a lithium-containing raw material.

2) **원문 |** 또한, 다른 방법으로, 상기 양극은 상기 양극 활물질층 형성용 조성물을 별도의 지지체 상에 캐스팅한 다음, 이 지지체로부터 박리하여 얻은 필름을 양극 집전체 상에 라미네이션함으로써 제조될 수도 있다.

ChatGPT | Alternatively, the cathode may also be manufactured by casting a composition for forming the cathode active material layer onto a separate support, peeling the resulting film from the support, and then laminating it onto the cathode current collector.

3) **원문 |** 또한, 상기 양극을 포함하는 전기화학소자를 제조할 수 있다. 상기 전기화학소자는 구체적으로 전지, 커패시터 등일 수 있으며, 보다 구체적으로는 리튬 이차전지일 수 있다.

ChatGPT | In addition, an electrochemical device comprising the cathode may be fabricated. The electrochemical device may specifically be a battery or a capacitor, and more particularly, it may be a lithium secondary battery.

4) **원문 |** 생성물 침전 시 50 rpm으로 교반하면서 생성물을 침전시킨 후, 상등액을 외부로 배출시킨 것을 제외하고는 실시예 1과 동일하게 실시하여 전구체를 제조하였다.

ChatGPT | During the precipitation of the product, the mixture was stirred at 50 rpm while allowing the product to precipitate.

Except for the step of discharging the supernatant to the outside, the precursor was prepared in the same manner as in Example 1.

5) **원문 |** 상세하게, 전역 판별기는 합성 영상의 전역 판별 데이터를 허위와 관련된 값으로 출력하고, 실제 영상의 전역 판별 데이터를 진실과 관련된 값으로 출력하도록 학습될 수 있다. 이에 따라, 전역 판별기는 합성 영상 및 실제 영상의 각각에 대한 전역 판별 데이터를 생성할 수 있다.

AI | In detail, the global discriminating device may be trained so as to output global discriminative data of the composite image as a value related to falsehood, and to output global discrimination data of the actual image as a value associated with truth. Accordingly, the global discriminator may generate global discriminatory data for each of the composite image and the actual image.

그렇다면, 수십 내지 수백 페이지에 달하는 문서 파일의 경우, 일관성의 문제를 어떻게 다룰 수 있을까? 완벽한 방법은 아니지만, 다음과 같이 제안해 볼 수 있다.

① AI에게 규칙을 프롬프트를 통해 알려준 후 번역을 시킨다.

예를 들어, 앞의 연습 문제 5번의 특허 청구항 제1항의 AI 번역문은 다음과 같다.

"Method for Preparing a Cathode Active Material Precursor for a Lithium Secondary Battery Using a Batch Reactor:

A method for preparing a cathode active material precursor for a lithium secondary battery using a batch reactor comprises:

1. Forming cathode active material precursor particles by continuously feeding a transition metal-containing solution comprising transition metal cations, an alkaline aqueous solution, and an ammonium ion-containing solution into a batch reactor;
2. When the batch reactor is full, stopping the feed of the solutions and allowing the formed cathode active material precursor particles to precipitate;
3. After precipitating the cathode active material precursor particles, discharging the resulting supernatant to the outside;
4. Adjusting the pH to a range of 10 to 12 by introducing an ammonium ion-containing solution to compensate for the pH drop during

the supernatant discharge process; and

5. Growing the cathode active material precursor particles by continuously feeding the transition metal-containing solution, alkaline aqueous solution, and ammonium ion-containing solution again into the batch reactor;

wherein, in step 3), the precipitation of the cathode active material precursor particles is carried out under stirring at 5 to 50 rpm."

다른 것도 고칠 게 많지만, ChatGPT에게 '양극'에 해당되는 용어를 "positive electrode'로 바꿔줘.'라는 프롬프트를 입력하면, 다음과 같은 결과물을 준다.

Method for Preparing a Positive Electrode Active Material Precursor for a Lithium Secondary Battery Using a Batch Reactor:

A method for preparing a positive electrode active material precursor for a lithium secondary battery using a batch reactor comprises:

1. Forming positive electrode active material precursor particles by continuously feeding a transition metal-containing solution comprising transition metal cations, an alkaline aqueous solution, and an ammonium ion-containing solution into a batch reactor;
2. When the batch reactor is full, stopping the feed of the solutions and allowing the formed positive electrode active material precursor particles to precipitate;
3. After precipitating the positive electrode active material precursor

particles, discharging the resulting supernatant to the outside;

4. Adjusting the pH to a range of 10 to 12 by introducing an ammonium ion-containing solution to compensate for the pH drop during the supernatant discharge process; and
5. Growing the positive electrode active material precursor particles by continuously feeding the transition metal-containing solution, alkaline aqueous solution, and ammonium ion-containing solution again into the batch reactor;

wherein, in step 3), the precipitation of the positive electrode active material precursor particles is carried out under stirring at 5 to 50 rpm.

② 물론, 이처럼 간단한 단어 변환 작업은 워드 프로세서에서 '바꾸기' 기능을 사용해서 수행할 수도 있다. 단, 각 위치에서 단어 바꾸기로 인해 문법적 오류가 발생하지는 않는지 확인해야 한다.

③ 또는, 포스트에디팅 작업 방식에 따라 다르겠지만, 포스트에디터가 업체가 제공하는 AI 번역문을 받는 것이 아니라 직접 AI 번역을 돌리는 방식이라면, AI 번역 전에 원하는 용어를 미리 지정하는 프롬프트를 사용할 수도 있겠다. 비슷한 방식으로, 원문 파일을 pre-editing 하여 출발 언어 텍스트 속에서 특정 용어를 도착 언어 용어로 미리 바꾸어 줄 수도 있겠다. 그러면, AI는 이중 언어(예를 들어, 한국어+영어)로 작성된 출발 텍스트를 번역하게 될 것이다.

3) L3 – 텍스트 유형에 적합한 용어의 사용

과학 기술 분야 텍스트에도 여러 종류가 있지만, 학술 논문과 특허가 아마도 가장 텍스트 유형에 따른 용어의 사용이 중요한 텍스트일 것이다. 과학 대중서나 홍보 문서는 예상 청중 또는 독자가 과학 기술 전문가가 아니라 일반 대중이므로, 대중이 비교적 쉽게 이해할 수 있는 언어로 작성한다. 반면, 학술 논문의 독자는 주로 같은 분야에서 일하는 동료 연구자이고, 특허도 해당 분야에서 보통의 지식을 갖춘 사람(the person having ordinary skill in the art (PHOSITA))이다. 해당 분야에 대한 높은 수준의 지식을 갖춘 사람들을 독자로 상정하기 때문에, 일반 대중에게는 생경하게 들릴지 모르는 언어를 사용하여 논문과 특허를 작성한다. 하지만, 이 유형의 텍스트가 상정하는 독자들에게는 너무나 명확하고 편안한 언어이므로, 포스트에디터는 그에 맞게 결과물을 산출해야 한다. 지나치게 구어체인 문장은 기술 문서나 학술 문서에 어울리지 않으므로 가려내야 하겠지만, AI 번역문이 구어체를 구사하는 경우는 드물 것이다.

특허에는 법률적 문서의 특성상 좀 더 까다로운 규칙들이 적용된다. 특히 특허 명세서에서 가장 중요한 부분인 '청구항' 부분에서 규칙이 가장 까다롭다. 예를 들어, 'comprising,' 'selected from the group consisting of,' 'wherein,' 'SEQ ID NO: 1' 등의 표현들이 독특한 의미를 가지고 독특한 조건에 따라 사용된다. 이러한 용어들을 AI가 일상적인 표현으로 번역하는 경우, 포스트에디터는 특허 문서에 맞게 수정해야 한다. 특허 번역의 규칙과 문체 등에 대해서는 따로 참조할 책들이 있으니,[26] 여기에서

---

26 2015, 류상민, 김유철, "연봉 1억! 영문 특허 번역 가이드북," 넥서스 (ISBN : 9791157524204); 2024, Herrmann, "Translating the language of patents," Routledge, Abingdon, Oxon, 2024.

는 참조 문헌들을 찾아보기를 권하면서, 청구항 하나의 예만 들어보겠다.

- 다음에 나오는 특허 청구항을 두 개의 번역 엔진이 어떻게 번역했는지 차이를 찾아보자. (KR102796955B1 "페로브스카이트 태양전지의 제조 방법 및 그로부터 제조된 페로브스카이트 태양전지")

원문 (S10) 기판층, 제1 전극층, 전자수송층 및 페로브스카이트층이 순서대로 적층된 적층물의 상기 페로브스카이트층 상에, 표면 개질된 금속산화물 및 분산용매를 포함하는 분산액을 도포 및 건조시켜 정공수송층(HTL, Hole Transport Layer)을 형성시키는 단계; 및 (S20) 상기 정공수송층 상에 제2 전극층을 적층시키는 단계를 포함하고, 상기 분산용매는, 비극성 용매인 페로브스카이트 태양전지의 제조방법.

✦ **Gemini** | "다음은 특허 청구항의 일부인데, 이를 영어로 번역해줘:"

Method for Manufacturing a Perovskite Solar Cell

The method comprises:

(S10) **Forming a hole transport layer (HTL)** by applying and drying a dispersion containing a **surface-modified metal oxide** and a **dispersion solvent** onto the perovskite layer of a laminate. The laminate comprises a **substrate layer**, a **first electrode layer**, an **electron transport layer**, and a **perovskite layer** stacked in sequential order; and

(S20) **Stacking a second electrode layer** on top of the hole transport layer.

The method is characterized in that the **dispersion solvent is a non-polar solvent.**

ChatGPT | "다음은 특허 청구항의 일부인데, 이를 영어로 번역해줘:"

A method for manufacturing a perovskite solar cell, comprising:

(S10) forming a hole transport layer (HTL) by applying and drying a dispersion containing a surface-modified metal oxide and a dispersion solvent on a perovskite layer of a laminate in which a substrate layer, a first electrode layer, an electron transport layer, and the perovskite layer are sequentially stacked; and

(S20) stacking a second electrode layer on the hole transport layer,

wherein the dispersion solvent is a non-polar solvent.

두 번역문을 비교해 보면, 밑줄 친 부분에서 특허 청구항의 규칙을 잘 지켰다는 면에서 ChatGPT의 번역문이 압승이라고 할 수 있겠다. 또한, Gemini는 전체 청구항을 여러 개의 문장으로 쪼개 놓았기 때문에, 청구항의 규칙을 지키지 못했다. 번역자가 청구항을 형식에 맞게 번역하기 위해 자신의 기술 이해력과 언어적 기술을 총동원한다는 점을 고려할 때, ChatGPT의 번역문이 번역 효율을 상당히 증가시켜 줄 것으로 예상할 수 있다.

연습 문제

1. 특허에서 '마쿠쉬 청구항'이 무엇인지 알아보자.
2. 특허에서 'comprise'와 'consist of'가 의미상 어떤 차이가 있는지 알아보자.

2. 구조 오류(Syntax)

1) S1 - 수식 구조 오류(수식 범위)

'나는 시원한 아이스크림과 커피와 봄을 좋아한다.'는 문장이 있다고 해보자. '시원한'이라는 형용사가 '아이스크림'을 수식하는 것임에 틀림없지만, 이 형용사가 '커피' 그리고/혹은 '봄'을 수식하는지는 확실하지 않다. '시원한 아이스크림'과 '따뜻한 커피' 그리고 '시원한 봄'을 좋아하는 것일 수도 있으니 말이다. 이럴 때는 한국어 문장에 수학식 속 괄호를 사용하여 '나는 시원한 아이스크림과 따뜻한(커피와 봄)을 좋아한다'로 쓸 수 있다면 좋겠다는 생각도 한다. 중학교 때 배운 분배 법칙 정도는 누구나 아니까, 1) 시원한 아이스크림, 2) 따뜻한 커피, 그리고 3) 따뜻한 봄의 세 항을 명확하게 추려낼 수 있을 것이니 말이다. 하지만, 이는 어디까지나 상상일 뿐이고, 현실의 문장, 즉 포스트에디터가 수정해야 하는 문장들은 오해를 낳을 만한 수식 구조 요소들로 가득하다. 포스트에디터들은 이러한 수식 구조 오류를 알아채고 능력을 기르고, 동시에 사실 관계를 확인하는 습관을 가져야 한다. 이제 예시를 통해 실제 포스트에디팅에서 S1 오류를 어떻게 고칠 것인지 알아보자.

(1) 다음은 특허 WO 2024049158 "말초혈액유래 줄기세포의 분리 및 배양조건과 이를 활용한 전구세포로의 분화유도"의 [기술분야]의 첫 문장이다.

원문 본 발명은 말초혈액 내에 존재하는 줄기세포를 효과적으로 분리 및 배양하는 조건을 확립하고, 해당 줄기세포를 활용하여 다양한 타겟 조직의 체세포로 분화할 수 있는 전구세포로의 분화 및 치료용 조성물을 제공하는 것이다.

Google | The present invention establishes conditions for effectively isolating and culturing stem cells present in peripheral blood, and provides a composition for differentiation and treatment of progenitor cells capable of differentiating into somatic cells of various target tissues by utilizing the stem cells.

ChatGPT | The present invention establishes the conditions for effectively isolating and culturing stem cells present in peripheral blood, and provides a differentiation of the stem cells into progenitor cells that can differentiate into somatic cells of various target tissues, as well as therapeutic compositions using these cells.

Perplexity | This invention establishes effective conditions for isolating and culturing stem cells present in peripheral blood, and provides differentiation into progenitor cells that can differentiate into somatic cells of various target tissues and a therapeutic composition using these stem cells.

DeepL | The present invention is to establish conditions for effectively isolating and culturing stem cells present in peripheral blood, utilizing those stem cells to differentiate into progenitor cells capable of differentiating into somatic cells of various target tissues, and providing therapeutic compositions.

원문이 명확하게 작성되지 않아서 모두가 헤매고 있다. 한국인 독자가 읽었을 때는 내용을 파악하는 데 큰 어려움이 없지만, AI들이 힘들어 하고 있다. 일단 원문을 비판적으로 읽어보면서 정리해 보자.

본 발명의 목적은 몇 가지이고 무엇인가? 동사에 집중하면, '조건을 확립하는 것' 그리고 '조성물을 제공하는 것'이다. (특허를 번역해 보았다면 전자가 '방법' 발명에 해당되고 후자가 '물건' 발명에 해당된다는 것을 알아챌 수 있을 것이다.) ChatGPT와 Perplexity는 '분화'를 제공하는 것까지 별도의 목적으로 번역했지만, '분화는 발명을 사용했을 때 일어나는 결과'이므로, '분화' 자체가 아닌 '분화에 사용되는 조성물'을 제공하는 것이 의미상 맞다.

문제는 '분화 및 치료용 조성물'이라는 표현인데 무엇이 분화하는 것이고 무엇을 치료하는 것인지가 문장에서 빠져 있어서, 구글은 '전구 세포를 치료'하는 것으로 번역했다. 하지만, 전문 지식이 없다 하더라도, '전구 세포'는 '줄기 세포를 활용하여' (다시 말해, 줄기 세포를 '분화'시켜) 만드는 것이고 '다양한 타겟 조직의 체세포로 분화할 수 있는,' 그래서 '아주 소중한' 것이기에 이를 치료하는 것은 말이 되지 않는다는 것을 알 수 있다. (그러니까, 줄기세포가 분화해서 전구 세포가 되고, 다시 전구 세포가 더 분화해서 체세포가 되는 것이라는 것을 문장을 통해 알아챌 수 있다. 확신이 들지 않는다면, 간단히 검색을 해보는 것이 좋을 것이다.) 어쨌든 치료하는 것은 '질병'이니까 말이다. 따라서, '분화 및 치료용 조성물'은 '줄기세포의 (소중한) 전구세포로의 분화용'이고 동시에 '(질병의) 치료용'인 것이다. 따라서, 'diseases'를 넣어서 의미를 명확하게 해 줄 수 있을 것이다.

제안하는 번역문 (1) | The present invention establishes conditions for effectively isolating and culturing stem cells present in peripheral blood and provides a composition for differentiation of progenitor cells, which may be differentiated into somatic cells of various target tissues, and for treatment of diseases, using stem cells.

- 사실, 원문의 불분명함 때문에 번역문도 어색하고, 의미의 정확성을 위해 관계대명사나, 쉼표 등을 사용하여 유려함이 떨어진다. 하지만, 원문을 과도하게 각색 또는 변경하는 것도 번역자의 권한을 넘어서는 일이라, 이 정도에서 '정확성'을 우선시하는 번역문을 제시하면 좋을 것이다.

제안하는 번역문 (2) | The present invention establishes conditions for effectively isolating and culturing stem cells present in peripheral blood and provides a composition for differentiation of progenitor cells and treatment of diseases using the stem cells, the progenitor cells being capable of differentiate into somatic cells of various target tissues.

- 조성물이 '전구세포로의 분화용이자 및 질병의 치료용'임을 더 명확하기 위해 번역문(2)로 고칠 수도 있겠다. 대신 '소중한' 전구세포에 대한 설명은 분사 구문을 이용하여 문장 맨 뒤에 배치했다. 원문과 어순에 차이가 좀 더 크지만, 이 번역문도 좋을 듯하다.
- 이 예에서도 역시 내용의 의미를 파악하지 않으면, 무턱대고 AI 번역문을 신뢰하게 되는 오류를 범하게 될 수 있음을 알 수 있다. 상세한 내용을 모두 이해하지는 못한다 하더라도, 적어도 'P (positive)'와 'N (negative)' 뉘앙스는 구분해야, 큰 실수를 피할 수 있다.

(2) 이제 다음 예를 통해 생략된 단어들이 어떻게 수식 구조에 혼란을 주는지 알아보자.

원문 이물질 및 스크래치 발생을 최소화하기 위해 가이드 롤에 기재 접촉 롤과 축을 분리하여 가동하는 텐덴시(Tendency) 구조 및 일체형으로 가동하는 샤프트(Shaft) 구조를 모두 적용할 수 있다.

DeepL | To minimize the occurrence of foreign objects and scratches, both the Tendency structure, which separates the workpiece contact roll from the shaft, and the Shaft structure, which operates as an integrated unit, can be applied to the guide roll.

Google | To minimize the occurrence of foreign substances and scratches, both a tendency structure in which the guide roll contacts the guide roll and the shaft are operated separately and a shaft structure in which they are operated as an integral part can be applied.

ChatGPT | To minimize the occurrence of foreign substances and scratches, both the tendency structure, which operates by separating the substrate contact roll from the guide roll axis, and the shaft structure, which operates as an integrated unit, can be applied.

Perplexity | To minimize the occurrence of foreign substances and scratches, both a tendency structure, where the substrate contact roll and axis of the guide roll are separated and operated independently, and a shaft structure, where they are integrated and operated as a single unit, can be applied.

Claude | Both the Tendency structure, which operates by separating the material contact roll and axis from the guide roll to minimize foreign substances and scratches, and the Shaft structure, which operates as an integrated unit, can be applied.

번역기마다 다양한 번역을 내놓았다. 고쳐야 할 것이 각각 다른데, 찬찬히 하나씩 찾아보자. 원문의 어순이 좀 어색하기 때문에, 문맥 없이 그 의미를 이해하기가 어렵다. 자세한 내용은 모르더라도, 이것만은 번역자가 먼저 파악해야 한다. 가장 중요한 문장 성분과 중요 부사구만 뽑아내면 '텐던시 구조와 샤프트 구조를 둘 다 가이드 롤에 적용할 수 있다'는 것이다. DeepL은 여기에 성공해서, 'can be applied to the guide roll.'로 문장을 마무리했다. 다시 말해, 다른 번역기들은 'the guide roll'을 '가동하다'라는 동사와 엮다가 혼란에 빠진 것이다.

또 한 가지 문제는 두 구조의 차이가 '기재 접촉 롤'과 '축'을 분리하여 가동하느냐 아니면 이 둘을 일체형으로 가동하느냐에 있다는 것이다. 그런데, 샤프트 구조에 대한 설명에서는 '일체형으로 가동'하는 것이 '기재 접촉 롤'과 '축'이라는 암시가 (중복을 피하기 위해) 빠져 있는 것이다. 이 역시 AI 번역기들에 혼란을 일으켰다. 정확히 말해, '샤프트 구조가 일체형으로 가동한다'는 뜻이 아니라 '기재 접촉 롤과 축이 (샤프트 구조에 포함되어 있는데), 이 두 부품이 따로 가동하는 것이 아니라, 하나처럼 가동한다'는 뜻이다.

이 경우에는 각각의 AI 번역문을 고치는 것보다는 차라리 한국어 원문을 고치는 기법을 써보자.

수정 원문 이물질 및 스크래치 발생을 최소화하기 위해서, 기재 접촉 롤과 축을 분리하여 가동하는 텐덴시(Tendency) 구조, 그리고 이들을 일체형으로 가동하는 샤프트(Shaft) 구조를 둘 다 가이드 롤에 적용할 수 있다.

DeepL | To minimize the occurrence of debris and scratches, both the Tendency structure, which operates the workpiece contact roll and the Shaft separately, and the Shaft structure, which operates them integral, can be applied to the guide roll.

Google | In order to minimize the occurrence of foreign substances and scratches, both a tendency structure that operates the substrate contact roll and shaft separately, and a shaft structure that operates them as an integral part can be applied to the guide roll.

ChatGPT | To minimize the occurrence of foreign substances and scratches, both the tendency structure, which operates by separating the substrate contact roll from the axis, and the shaft structure, which operates as an integrated unit, can be applied to the guide roll.

Perplexity | To minimize the occurrence of foreign substances and scratches, two structures can be applied to the guide roll: 1. A tendency structure, where the substrate contact roll and axis are separated and operated independently. 2. A shaft structure, where the substrate contact roll and axis are integrated and operated as a single unit. Both of these structures can be applied to the guide roll.

Claude | To minimize foreign substances and scratches, both the Tendency structure, where the material contact roll operates separately from its axis, and the Shaft structure, where these components operate as an integrated unit, can be applied to the guide roll.

번역기마다 좀 차이가 있지만, ChatGPT만 제외하고, 앞에서 지적한 두 가지 핵심 사항은 잘 지켜졌다. 즉, 1) '텐던시 구조와 샤프트 구조를 둘 다 가이드 롤에 적용할 수 있다,' 그리고 2) '샤프트 구조가 일체형으로 가동한다'는 뜻이 아니라 '기재 접촉 롤과 축이 (샤프트 구조 안에 들어 있는데), 이 두 부품이 둘이 아니라 하나처럼 가동한다.' 이 두 가지의 의미가 오류 없이 번역되었다.

- ChatGPT가 2)번 의미를 제대로 구현하지 못한 이유는, 나름 인간 지능으로 AI에 대해 추론해 보자면, operate를 자동사로 사용하면서 능동태를 쓰고 싶었기 때문인 것 같다.
- Perplexity는 자신의 특성에 맞게 극단적인 명료함을 추구하고 있다. 대신 문장 수가 늘었다.

사실, 수정 원문도 추가 수정이 필요하다. 좀 더 정확하게 말해서, '이물질 및 스크래치 발생을 최소화'하는 좋은 효과를 내는 것은 샤프트 구조가 아니라 텐덴시 구조이다. 텐덴시 구조가 그런 좋은 효과가 있으니 텐덴시 구조와 샤프트 구조를 둘 다 적용했을 때도 그런 좋은 효과가 얻어지겠지만, 사실 '이물질 및 스크래치 발생을 최소화하기 위해서'라는 수식어구는 (샤프트 구조가 아니라) 텐덴시 구조를 직접적으로 꾸며 주기 위해 사용된 것이다.

따라서, 문맥을 참고하거나, 약간의 배경 지식이 있다면, 제2 수정 원문을 다음과 같이 만들 수 있겠다.

제2 수정 원문 기재 접촉 롤과 축을 분리하여 가동하는 구조이자 이물질 및 스크래치 발생을 최소화하기 위한 구조인 텐덴시(Tendency) 구조, 그리고 이들을 일체형으로 가동하는 샤프트(Shaft) 구조를 둘 다 가이드 롤에 적용할 수 있다.

DeepL | Both the Tendency structure, in which the workpiece contact roll and shaft are operated separately to minimize the occurrence of foreign objects and scratches, and the Shaft structure, in which they are operated as one, can be applied to guide rolls.

Google | Both the tendency structure, which is a structure that operates by separating the contact roll and shaft and minimizing the occurrence of foreign substances and scratches, and the shaft structure that operates them as an integral part can be applied to the guide roll.

Claude | Both the Tendency structure, which operates with the material contact roll separated from its axis and is designed to minimize foreign substances and scratches, and the Shaft structure, which operates these components as an integrated unit, can be applied to the guide roll.

맘에 쏙 드는 결과물은 없지만, 그래도 DeepL의 번역이 가장 맘에 든다. 이를 바탕으로 다음과 같은 추천 번역문을 제시한다.

추천 번역문 | Both the tendency structure, in which the substrate contact roll and the shaft are operated separately to minimize the occurrence of foreign objects and scratches, and the shaft structure, in which the components are operated integrally, can be applied to the guide roll.

(3) 이번에는 간단한 수식 구조 오류의 예를 들면서 사실 관계까지 함께 확인하고 번역 평가까지 해보자.

원문 태아 섬유결합소(fetal fibronectin)와 같은 바이오마커 및 자궁경부 길이 측정은 조기 진통의 위험성을 평가하는 데 사용된다.

DeepL | Biomarkers such as fetal fibronectin and cervical length measurements are used to assess the risk of preterm labor.

ChatGPT | Biomarkers such as fetal fibronectin and cervical length measurements are used to assess the risk of preterm labor.

거의 모든 번역기가 동일한 번역문을 제시한다. 번역문만 언뜻 보아서는 문제가 없어 보이지만, 원문과 비교하면 문제가 있음을 알 수 있다. 번역문에서 'Biomarkers such as fetal fibronectin and cervical length measurements'라는 구는 'fetal fibronectin'과 'cervical length measurements'가 'biomarker'의 예들이라는 의미를 전달한다. 하지만 한글 원문을 보면 '태아 섬유결합소(fetal fibronectin)와 같은 바이오마커 및 자궁경부 길이 측정'으로 되어 있으므로 '태아 섬유결합소'는 '바이오마커'이고 '자궁경부 길이 측정'은 또 다른 평가 수단이라는 의미이다. 또한, 한글 원문에서 '바이오마커'는 하나의 '물건' 또는 '물질'에 해당되는 명사이고, '길이 측정'은 하나의 행동에 해당되는 명사이므로, '길이 측정'을 '바이오마커'의 한 가지 예로 받아들이기가 어렵다. (영어 번역문에서는 이를 '측정치'로 받아들였다)

물론 현명한 독자가 영어 번역문을 잘 이해해 주면 좋겠으나, 진절한 번역자라면 이를 다음과 같이 수정해서 제시해 줄 수 있을 것이다.

추천 번역문 | Biomarkers, such as fetal fibronectin, and cervical length measurements are used to assess the risk of preterm labor. 또는, Biomarkers, including fetal fibronectin, and cervical length measurements are used to assess the risk of preterm labor.

이어서, AI Grok 2에게 위 두 번역문을 평가해 달라고 하였다.

"태아 섬유결합소(fetal fibronectin)와 같은 바이오마커 및 자궁경부 길이 측정은 조기 진통의 위험성을 평가하는데 사용된다"라는 문장을 "Biomarkers such as fetal fibronectin and cervical length measurements are used to assess the risk of preterm labor"로 번역할 수도 있고, ""Biomarkers, such as fetal fibronectin, and cervical length measurements are used to assess the risk of preterm labor"로 번역할 수도 있어. 이 두 번역문을 비교해서 평가해줄래?

요청하신 대로, 원문 "태아 섬유결합소(fetal fibronectin)와 같은 바이오마커 및 자궁경부 길이 측정은 조기 진통의 위험성을 평가하는데 사용된다"를 두 가지 영어 번역문으로 비교 평가하겠습니다:

1. **번역문 A**: "Biomarkers such as fetal fibronectin and cervical length measurements are used to assess the risk of preterm labor"
2. **번역문 B**: "Biomarkers, such as fetal fibronectin, and cervical length measurements are used to assess the risk of preterm labor"

이 두 번역문을 정확성, 자연스러움, 명확성, 그리고 원문과의 구조적 일치도를 기준으로 평가하겠습니다.

---

1. 정확성 (원문과의 의미 일치도)

- **원문 분석:**
  - "태아 섬유결합소(fetal fibronectin)와 같은 바이오마커"는 fetal fibronectin이 바이오마커의 한 예임을 나타냅니다.
  - "및 자궁경부 길이 측정"은 "바이오마커"와 별도로 나열된 동등한 요소로, "및"이 두 가지를 연결합니다.
  - 전체 문장은 이 두 요소가 "조기 진통의 위험성을 평가"하는 데 사용됨을 설명합니다.
- **번역문 A**: "Biomarkers such as fetal fibronectin and cervical length measurements..."
  - "such as fetal fibronectin"은 "biomarkers"의 예시로 정확히 번역되었고, "and cervical length measurements"가 이어집니다.
  - 그러나 쉼표 없이 "and"로 연결되면서 "cervical length measurements"가 "biomarkers"의 하위 범주로 오해될 여지가 있습니다. 원문의 "및"은 두 요소를 동등하게 나열한 것이므로 이 뉘앙스가 약간 손실됨.
  - **평가**: 정확하지만 원문의 "및"이 암시하는 동등한 나열 구조를 완벽히 반영하지 못함.
- **번역문 B**: "Biomarkers, such as fetal fibronectin, and cervical length measurements..."
  - "such as fetal fibronectin"을 쉼표로 구분하여 "biomarkers"의 예시임을 명확히 하고, "and"로 "cervical length measurements"를 별도 요소로 제시합니다.
  - 이는 원문의 "및"이 "바이오마커"와 "자궁경부 길이 측정"을 동등하게 나열한 구조를 더 잘 반영합니다.
  - **평가**: 원문의 의미와 구조를 더 충실히 반영하여 정확성이 더 높음.
- **결론**: 번역문 B가 원문의 의도와 구조를 더 정확히 전달합니다.

2. 자연스러움 (영어로서의 유창성)

- **번역문 A:**
  - "Biomarkers such as fetal fibronectin and cervical length measurements"는 간결하고 영어로 자연스럽습니다.
  - 쉼표 없이 이어지는 구조는 의학 문헌에서 흔히 볼 수 있으며, 읽기에 부담이 없습니다.
  - **평가:** 매우 자연스럽고 간결함.
- **번역문 B:**
  - "Biomarkers, such as fetal fibronectin, and cervical length measurements"는 쉼표를 추가해 구분을 강조한 형태로, 영어에서도 자연스럽습니다.
  - "such as" 구문을 쉼표로 감싸는 것은 문어체에서 흔히 사용되며, 약간 더 정돈된 느낌을 줍니다. 의학적 맥락에서도 문제없이 사용됩니다.
  - **평가:** 자연스럽고 약간 더 강조된 톤을 제공함.
- **결론:** 둘 다 영어로 유창하지만, 번역문 A는 간결함에서, 번역문 B는 정돈된 느낌에서 약간의 강점이 있습니다. 큰 차이는 없음.

---

3. 명확성 (의미 전달의 투명성)

- **번역문 A:**
  - "cervical length measurements"가 "biomarkers"의 일부로 오해될 가능성이 있습니다. 의학적으로 "fetal fibronectin"은 바이오마커(생화학적 지표)이고, "cervical length measurements"는 물리적 측정 방법이므로, 이 둘이 동등한 별개 요소임을 명확히 구분할 필요가 있습니다.
  - 문맥상 큰 오해로 이어지진 않겠지만, 엄밀히 따지면 명확성이 다소 떨어짐.
  - **평가:** 명확하지만 약간의 모호함 가능성 있음.
- **번역문 B:**
  - 쉼표로 "such as fetal fibronectin"을 구분함으로써 "biomarkers"와 "cervical length measurements"를 명확히 분리합니다.
  - "fetal fibronectin"만 바이오마커의 예시로 한정하고, "cervical length measurements"를 독립적인 도구로 제시하여 원문의 의도를 더 투명하게 전달합니다.
  - **평가:** 의미 전달이 더 명확하고 오해의 여지가 적음.
- **결론:** 번역문 B가 명확성에서 우수합니다.

---

4. 의학적 적합성 (전문 분야 반영)

- "fetal fibronectin"은 바이오마커로, 혈액이나 분비물에서 검출되는 생화학적 지표입니다. 반면 "cervical length measurements"는 초음파로 자궁경부 길이를 측정하는 물리적 방법입니다.
- **번역문 A:** "cervical length measurements"가 "biomarkers"의 일부로 묶일 수 있어 의학적 구분이 모호해질 가능성이 있음.
- **번역문 B:** 두 요소를 명확히 분리하여 의학적 맥락에서 더 적합하게 보임.
- **결론:** 번역문 B가 의학적 뉘앙스를 더 잘 반영합니다.

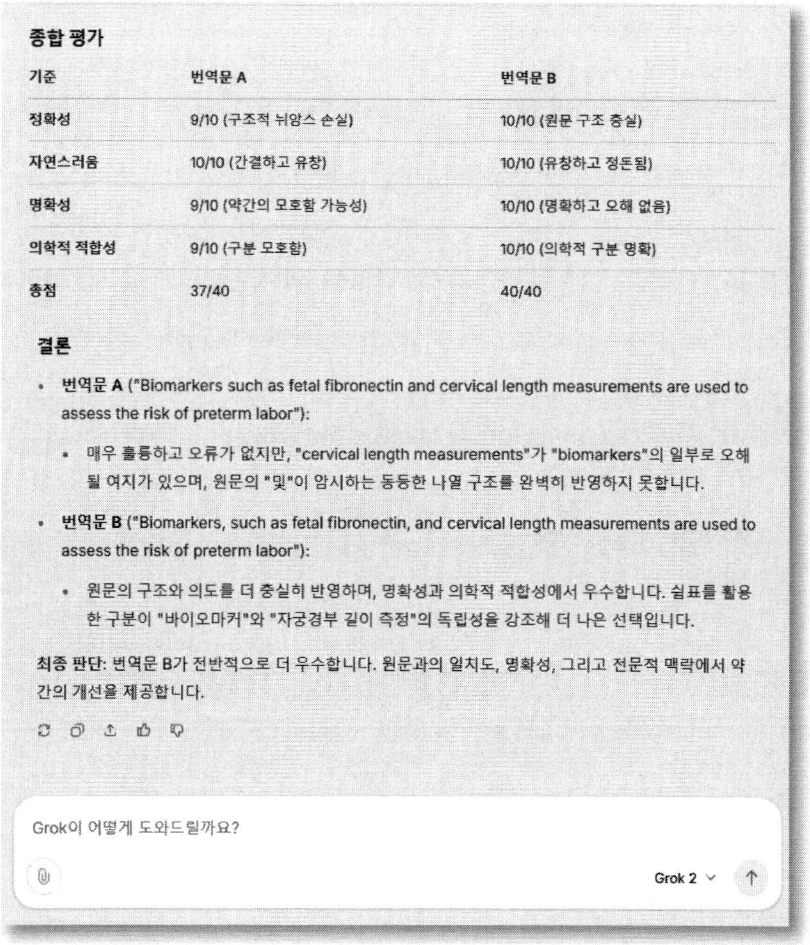

종합 평가

기준	번역문 A	번역문 B
정확성	9/10 (구조적 뉘앙스 손실)	10/10 (원문 구조 충실)
자연스러움	10/10 (간결하고 유창)	10/10 (유창하고 정돈됨)
명확성	9/10 (약간의 모호함 가능성)	10/10 (명확하고 오해 없음)
의학적 적합성	9/10 (구분 모호함)	10/10 (의학적 구분 명확)
총점	37/40	40/40

결론

- **번역문 A** ("Biomarkers such as fetal fibronectin and cervical length measurements are used to assess the risk of preterm labor"):
  - 매우 훌륭하고 오류가 없지만, "cervical length measurements"가 "biomarkers"의 일부로 오해될 여지가 있으며, 원문의 "및"이 암시하는 동등한 나열 구조를 완벽히 반영하지 못합니다.
- **번역문 B** ("Biomarkers, such as fetal fibronectin, and cervical length measurements are used to assess the risk of preterm labor"):
  - 원문의 구조와 의도를 더 충실히 반영하며, 명확성과 의학적 적합성에서 우수합니다. 쉼표를 활용한 구분이 "바이오마커"와 "자궁경부 길이 측정"의 독립성을 강조해 더 나은 선택입니다.

최종 판단: 번역문 B가 전반적으로 더 우수합니다. 원문과의 일치도, 명확성, 그리고 전문적 맥락에서 약간의 개선을 제공합니다.

Grok 2는 우리의 번역문이 약간 더 우수하다고 평가했다. AI의 번역 평가를 모두 다 비판 없이 수용할 수는 없지만, 어쨌든 고맙다. 번역 평가의 여러 가지 부면이 있겠지만, 과학기술 텍스트의 번역임을 감안할 때, 마지막 항목 "의학적 적합성"에서 1점을 더 받았다는 것이 고무적이다. (물론 "정확성"과 "명확성" 항목에서 받은 총 2점도 결국에 같은 차이에 기인한 것이다.) 우리의 문장이 의학적 지식을 감안했을 때도 더 정확하고, 더 사실에 가깝다는 것이 중요한 것이다.

위 문장처럼 열거되는 항목의 수가 많지 않은 경우에는 비교적 간단하지만, 여러 종류의 항목이 여러 개 열거되는 경우에는 구분하기가 만만치 않다. 이럴 때는 '세 개 이상의 항목이 열거될 때, 마지막 항목 앞에 ', and'를 쓰는 영어의 규칙을 활용하는 것이 좋다("Oxford comma"). 아래 예를 보자.

(4) 아래 예 열거된 물질들이 AI 번역문에서 제대로 분류되었는지 확인해 보자.

원문 불용성 담체의 예로 폴리스틸렌, 폴리에틸렌, 폴리프로필렌, 폴리에스테르, 폴리아크릴로니트릴, 불소 수지, 가교 덱스트란, 폴리사카라이드, 라텍스에 금속을 도금한 자성 미립자와 같은 고분자, 기타 종이, 유리, 금속, 아가로오스 및 이들의 조합을 들 수 있다.

Google | Examples of insoluble carriers include polymers such as polystyrene, polyethylene, polypropylene, polyester, polyacrylonitrile, fluoropolymers, cross-linked dextrans, polysaccharides, metal-plated magnetic microparticles on latex, other papers, glasses, metals, agarose, and combinations thereof.

DeepL | Examples of insoluble carriers include polymers such as polystyrene, polyethylene, polypropylene, polyester, polyacrylonitrile, fluoropolymers, cross-linked dextran, polysaccharides, magnetic microparticles such as metal-plated magnetic particles in latex, other papers, glass, metals, agarose, and combinations thereof.

Claude | Examples of insoluble carriers include polymers such as polystyrene, polyethylene, polypropylene, polyester, polyacrylonitrile, fluororesin, cross-linked dextran, polysaccharides, magnetic microparticles plated with metals on latex, as well as paper, glass, metals, agarose, and combinations thereof.

ChatGPT | Examples of insoluble carriers include polymers such as polystyrene, polyethylene, polypropylene, polyester, polyacrylonitrile, fluororesin, cross-linked dextran, polysaccharides, and metal-coated magnetic latex microparticles, as well as other materials such as paper, glass, metal, agarose, and combinations thereof.

여러 물질들이 불용성 담체의 예로 열거되어 있다. 모두 대등한 관계로 열거되어 있다면 편하겠지만, 중간에 '…와 같은 고분자'라는 상위 개념이 하나 들어가면서 분류를 해야 하는 수고가 생겼다. 문제는 '그 앞 어디서부터가 고분자인가'하는 것이다. '라텍스에 금속을 도금한 자성 미립자와 같은 고분자'라는 구가 있으니 '라텍스에 금속을 도금한 자성 미립자'까지만 고분자인지 아니면 '폴리스틸렌, 폴리에틸렌, 폴리프로필렌, 폴리에스테르, 폴리아크릴로니트릴, 불소 수지, 가교 덱스트란, 폴리사카라이드, 라텍스에 금속을 도금한 자성 미립자'까지 모두 고분자인지 확실하지 않을 수 있다. 하지만, 약간의 기술 상식이 있다면 '폴리'라는 접두어가 붙은 단어들이 모두 고분자, 즉 폴리머(polymer)에 해당된다는 것을 눈치챌 수 있다. 오히려 확신하기 어려운 것은 '…와 같은 고분자'라는 상위 개념에 가장 가까이 위치한 단어인 '라텍스에 금속을 도금한 자성 미립자'가 고분자에 포함되는가 하는 것이다. 궁금하면 물어보자.

프롬프트 라텍스는 고분자인가?

ChatGPT | 좋은 질문입니다. **라텍스(latex)**는 고분자 물질로 구성된 액상의 콜로이드 시스템입니다. 따라서 라텍스 자체는 "고분자"라기보다는 고분자 입자가 분산된 상태를 의미합니다.

✅ 정리하면:

- 라텍스(Latex): 일반적으로 고분자 입자가 물 같은 액체에 분산된 형태의 *에멀전(emulsion)*.
- 구성 성분: 천연 고무 라텍스는 주로 폴리이소프렌(polyisoprene) 이고, 합성 라텍스는 폴리스타이렌(styrene), 부타디엔(butadiene), 아크릴레이트 등의 고분자로 구성됩니다.
- 고체 상태로 고분자를 굳히면, 고무 또는 플라스틱처럼 됩니다.

📌 결론:

- "라텍스" 자체는 고분자가 아니라 고분자를 포함한 분산 시스템입니다.
- 하지만 라텍스를 구성하는 입자 자체는 고분자이므로, 맥락에 따라 라텍스를 고분자 예로 언급하는 것은 가능합니다.
- 다만, 보다 정확한 표현을 원한다면 "고분자 라텍스 입자" 또는 "고분자 입자가 분산된 라텍스"라고 말하는 것이 좋습니다.

결국, (약간의 아쉬움과 함께) 저자가 의도한 대로 '라텍스에 금속을 도금한 자성 미립자'를 고분자에 무난히 포함시킬 수 있겠다. 그러면 원문은 아래와 같이 괄호를 넣어서 쓸 수 있겠다. 어디서부터 어디까지가 고분자에 속하는지 이해하고 있음을 나타내는 것이다. 이를 문장에 그대로 반역하면 된다. 추가로, '기타 종이'에서 '기타'는 단지 '(고분자 외의) 다른 재료'라는 의미이지, '앞에 언급한 종이 말고 다른 종이'라는 의미가 아니다.

원문 불용성 담체의 예로(폴리스틸렌, 폴리에틸렌, 폴리프로필렌, 폴리에스테르, 폴리아크릴로니트릴, 불소 수지, 가교 덱스트란, 폴리사카라이드, 라텍스에 금속을 도금한 자성 미립자와 같은) 고분자, 종이, 유리, 금속, 아가로오스, 및 이들의 조합을 들 수 있다.

그러고 보니, 앞에서 ChatGPT의 번역문만이 오류가 없이 정확하기에, 다시 가져왔다. 밑줄 친 부분을 확인해 보자.

ChatGPT | Examples of insoluble carriers include polymers such as polystyrene, polyethylene, polypropylene, polyester, polyacrylonitrile, fluororesin, cross-linked dextran, polysaccharides, and metal-coated magnetic latex microparticles, as well as other materials such as paper, glass, metal, agarose, and combinations thereof.

단순한 항목의 열거와 분류 문제처럼 보이지만, 포스트에디팅 시 이러한 오류를 잡아내지 못하면 신뢰성이 급격히 떨어지는 번역문을 생산하고 말 것이다.

(5) 다음 한글 원문의 문제를 파악하고, 원문을 고쳐보자.

원문 복합 photocatalytic filter 성능을 평가하기 위해서 실내 유해 가스인 일산화탄소를 이산화탄소로 산화시키는 실험을 진행하였다. 가스는 GC-FID를 사용하여 일산화탄소와 이산화탄소의 정량으로 분해 및 생성량을 확인하였다.

DeepL | To evaluate the performance of the composite photocatalytic filter, an experiment was conducted to oxidize carbon monoxide, a harmful indoor gas, to carbon dioxide. The gas was analyzed by GC-FID to determine the quantitative decomposition and production of carbon monoxide and carbon dioxide.

Perplexity | To evaluate the performance of the composite photocatalytic filter, an experiment was conducted to oxidize carbon monoxide (CO), a harmful indoor gas, into carbon dioxide (CO_2). Gas chromatography with a flame ionization detector (GC-FID) was used to quantify the decomposition of CO and the production of CO_2.

원문 두 번째 문장에 '일산화탄소와 이산화탄소의 분해 및 생성량을 확인하였다'라고 되어 있지만, 그 앞의 문장을 보면, 일산화탄소가 산화되어 이산화탄소가 생성된다는 것을 알 수 있다($2CO+O_2 \rightarrow 2CO_2$). 따라서, 정확히 말하면 '일산화탄소의 분해량(또는 소모량)과 이산화탄소 생성양을 확인하였다'가 맞다. Perplexity는 이를 파악하고 정확한 번역문을 제공해 주었다.

흥미롭게도 Perplexity는 위 번역문을 결정하는 과정을 무려 14단계로 보여주는데, 본 번역에서 첫 단계를 이렇게 설명한다 (AI가 추론하면서 스스로에게 하는 말이다). "Okay, let's tackle this translation request. The user wants the Korean text translated into English. First, I'll read through the original sentences to understand the context. The topic is about evaluating the performance of a composite photocatalytic filter by conducting an experiment where carbon monoxide is oxidized to carbon dioxide. They used GC-FID to quantify the decomposition and production amounts of CO and CO2."

즉, 첫 문장을 이해하고 문맥을 파악한 다음 그 내용을 두 번째 문장의 번역에 적용한 것이다. AI가 이렇게 해주면 좋지만, 그렇지 못한 경우도 많다. 예를 들어, 본 원문의 첫 문장과 두 번째 문장 사이에 원래는 실험 조건에 대한 여러 가지 문장들이 더 많이 들어 있다. 이렇게 문맥이 복잡한 경우에는 AI가 내용을 잘 파악하지 못하는 경우가 있다. 인간 번역자가 이를 잘 기억했다가 번역에 반영하는 것이 중요하다.

또 한 가지 유의미한 단계를 살펴보자. (4단계): "I need to ensure the structure flows naturally in English. Maybe split the first sentence into two parts for clarity: stating the experiment's purpose and the method. Also, 'GC-FID' should be spelled out first as 'gas chromatography with a flame ionization detector (GC-FID)' to define the acronym, but the original text uses just GC-FID, so perhaps the user wants the acronym as is. Wait, the original doesn't spell it out, so maybe the user expects the same. However, in academic writing, it's standard to spell out acronyms on first use. But since the user didn't, maybe they want to keep it as GC-FID. Hmm, better check that. The user's instruction is to translate, not to edit, so perhaps retain the acronym as given."

약어를 표기하는 문제에 있어서도 AI가 상당히 고민을 많이 한다는 것을 알 수 있다. 인간 번역자라면 약어 표기와 관련해서는 클라이언트의 요구 사항에 따라 하면 된다. 요구 사항이 없다면, 웬만하면 전체 용어를 풀어 써 주고 괄호 안에 약어를 넣어 주는 것이 좋다. 물론 DNA나 WHO 같이 일반 독자들에게도 잘 알려진 약어들은 굳이 상세히 표기하지 않아도 된다. (어느 정도가 일반 독자들에게 잘 알려진 것인가에 대해서는 명확한 기준이 없다.)

S1 - 연습 문제

1. 다음 번역문의 포스트에디팅을 수행해 보자.

원문 효모와 기질로서 상기 바이오 폐기물 유기 부산물(organic by-product)의 액체상 및 나머지 바이오 폐기물 유기 부산물(organic by-product) 섬유를 이용하여, 바이오 에탄올 바이오 연료(biofuel)와 바이오매스를 제조하는 발효 단계발효 공정(300)을 수행한다.

Google | A fermentation step fermentation process (300) is performed to produce bioethanol, biofuel, and biomass using the liquid phase of the above-mentioned biowaste organic by-product and the remaining biowaste organic by-product fiber as yeast and substrate.

DeepL | Perform a fermentation step fermentation process 300 to produce bioethanol biofuel and biomass, using yeast and the liquid phase of said bio waste organic byproduct as substrate and the remaining bio waste organic byproduct fiber.

ChatGPT | A fermentation process (300) is carried out to produce bioethanol biofuel and biomass by using yeast and the liquid phase of the bio-waste organic by-product as a substrate, along with the remaining bio-waste organic by-product fibers.

위의 세 가지 번역문과 아래 두 가지 번역문을 비교하여 보자.

Grok | Perform a fermentation process (300) to produce bioethanol biofuel and biomass using yeast and, as substrates, the liquid phase of the above-mentioned bio-waste organic by-product and the fiber of the remaining bio-waste organic by-product.

※ Perplexity | The fermentation process step (300) is carried out using yeast and a substrate composed of the liquid phase and residual fiber from the aforementioned bio-waste organic by-product to produce bioethanol biofuel and biomass.

위의 세 가지 번역문 중 하나와 아래 두 가지 번역문 중 하나를 비교하여 번역을 평가하도록 AI에게 명령하고 밑줄 친 부분에 유의하면서 다음 질문에 답하면서 그 결과를 토의해 보자.

Q1: 원문에 따르면 효모는 기질인가?
Q2: 원문에 제시되어 있는 기질의 종류는 무엇인가?
Q3: 바이오 에탄올은 바이오 연료인가?

2. 다음 한글 원문에 대한 가장 좋은 AI 번역문을 골라보자. 그리고, 그 이유를 설명해 보자.

원문 재조합 Fc 수용체를 발현하는 세포는 지속적으로 변이가 이루어지며 세포 간 이질성(heterogeneity)을 나타내는 암과 같은 질환에도 조합되는 항체의 종류를 변경하여 효과적으로 대응할 수 있다.

DeepL | Cells expressing recombinant Fc receptors are constantly mutating and can effectively respond to diseases such as cancer, which exhibit cell-to-cell heterogeneity, by changing the type of antibody they are paired with.

Google | Cells expressing recombinant Fc receptors are constantly mutating, and can effectively respond to diseases such as cancer that exhibit heterogeneity between cells by changing the type of antibody combined.

ChatGPT | Cells expressing recombinant Fc receptors continuously undergo mutations and exhibit cellular heterogeneity. This allows for effective adaptation to diseases such as cancer by modifying the types of antibodies used in treatment.

Perplexity | Cells expressing recombinant Fc receptors can effectively respond to diseases such as cancer, which undergo continuous mutations and exhibit cellular heterogeneity, by altering the types of antibodies combined.

Claude | Cells expressing recombinant Fc receptors undergo continuous mutation, and by changing the types of combined antibodies, they can effectively respond to diseases like cancer that exhibit heterogeneity between cells.

힌트 다음과 같은 질문들을 던져보자. '효과적으로 대응하다'의 주어는 무엇인가? '지속적으로 변이가 이루어지'는 곳은 세포인가, 암인가?

수정한 원문 재조합 Fc 수용체를 발현하는 세포는, 지속적으로 변이가 이루어지며 세포 간 이질성(heterogeneity)을 나타내는 암과 같은 질환에도, 조합되는 항체의 종류를 변경하여, 효과적으로 대응할 수 있다.

Google | Cells expressing recombinant Fc receptors can effectively respond to diseases such as cancer, which are subject to continuous mutation and heterogeneity among cells, by changing the type of antibody to which they are combined.

한글 원문의 의미를 파악하고, 그 의미를 명확하게 하기 위해 원문을 살짝 고치기만 해도 훨씬 정확한 AI번역문을 얻을 수 있다.

3. 다음 한글 원문에 대한 가장 좋은 AI 번역문을 골라보자. 그리고, 그 이유를 설명해 보자.

원문 음료 농축물의 제조방법은 잔탄검과 스테비올 글리코시드 등의 비영양성 감미료를 포함하는 농축물에 물을 첨가함으로써 음료 농축물을 제조하는 단계를 포함한다.

Claude | The method of manufacturing a beverage concentrate includes a step of manufacturing the beverage concentrate by adding water to the concentrate containing <u>non-nutritive sweeteners such as xanthan gum and steviol glycosides.</u>

Perplexity | The method for preparing a beverage concentrate includes a step of producing the beverage concentrate by adding water to a concentrate that contains <u>xanthan gum and non-nutritive sweeteners such as steviol glycosides.</u>

- AI를 사용한 사실 관계 확인 절차를 논의해 보자.

Y translate into English: 음료 농축물의 제조방법은 잔탄검과 스테비올 글리코시드 등의 비영양성 감미료를 포함하는 농축물에 물을 첨가함으로써 음료 농축물을 제조하는 단계를 포함한다.

The method of manufacturing a beverage concentrate includes a step of manufacturing the beverage concentrate by adding water to the concentrate containing non-nutritive sweeteners such as xanthan gum and steviol glycosides.

Y Is xanthan gum a non-nutritive sweetener?

No, xanthan gum is not a non-nutritive sweetener. Xanthan gum is actually a food additive that functions as a thickening agent and stabilizer. It's commonly used to improve texture, maintain suspension of particles, and prevent ingredients from separating in various food products.

The translation may have created some confusion in how the ingredients were grouped. Steviol glycosides (extracted from the stevia plant) are indeed non-nutritive sweeteners, but xanthan gum serves a different purpose in food formulations.

In beverage concentrates, xanthan gum would typically be used to:

- Provide a smooth mouthfeel
- Maintain consistent texture
- Keep ingredients in suspension
- Prevent separation during storage

...

Y Fix the translation

A more accurate translation would be:

The method of manufacturing a beverage concentrate includes a step of producing the beverage concentrate by adding water to a concentrate containing xanthan gum and non-nutritive sweeteners such as steviol glycosides.

재시도

Claude는 실수를 할 수 있습니다. 응답을 반드시 다시 확인해 주세요.

4. 다음 한국어 문장을 보고, AI 번역문이 수식 번역 오류를 만든다면, 어떤 오류를 범하게 될 가능성이 있을지 생각해 보자. AI 번역문을 실제로 생성해 보고, 실제로 그 오류가 발생했는지 확인해 보자.

원문1 또한, 제어 장치는 저장부에 기록된 자율주행 차량의 과거 주행 이력 또는 도로 구조 데이터를 함께 참조하여, 도로 형상이 직선에서 곡선으로 전환되거나 곡선에서 직선으로 전환되는 변화 상황도 고려할 수 있다.

원문2 제어 장치는 저장부에 저장된 도로 형상 정보 또는 실시간 센서 데이터를 활용하여 곡선 도로 진입이 예정된 상태인지 확인할 수 있다.

원문3 상기 리포터 플라스미드는 형질감염 및 유전자 편집 효과를 반영할 수 있는 플라스미드로 상시 적색 형광 단백질을 발현할 수 있어 형질감염된 세포만 확인 가능하다.

2) S2 - 문맥 파악 오류

포스트에디터가 파악하고 확인해야 하는 사실 관계에는 검색을 통해 알 수 있는 기존에 알려진 지식도 있지만, 해당 문장이나 문맥에서 파악해야만 하는 것들도 있다. AI 번역이 종종 이를 놓치기 때문에, 포스트에디터는 비판적으로 번역문을 읽으면서 오류를 찾아내야 한다. 다음 예를 살펴보자.

(1) 다음은 특허 문서의 일부로서, 화학 실험 과정을 설명하는 것이다.

원문 본 발명의 제조방법은 상기 유기염의 맑은 수용액을 준비하고, 상기 수용액을 4배 부피의 알코올 또는 아세톤 또는 그의 혼합형태의 유기 용매에 적가하여 결정 석출한다.

Google | The manufacturing method of the present invention prepares a clear aqueous solution of the organic salt, and adds the aqueous solution dropwise to four times the volume of an organic solvent such as alcohol or acetone or a mixture thereof to precipitate a crystal.

ChatGPT | The manufacturing method of the present invention involves preparing a clear aqueous solution of the organic salt, and then adding the solution to an organic solvent, such as alcohol or acetone, or a mixture thereof, in an amount 4 times the volume of the solution to induce crystallization.

Perplexity | The manufacturing method of this invention involves preparing a clear aqueous solution of the aforementioned organic salt, and then adding this aqueous solution dropwise to an organic solvent consisting of alcohol or acetone, or a mixture thereof, in a volume four times that of the aqueous solution, to precipitate crystals.

수용액을 유기 용매에 넣는 과정을 설명하고 있는데, 둘 중 하나가 부피가 4배 크다는 것을 알 수 있다. 수용액이 많을까 유기 용매가 많을까? 원문을 보면, '상기 수용액을 4배 부피의 …유기 용매에 적가'한다고 되어 있으므로, 유기 용매의 부피가 수용액의 부피의 4배인 것으로 이해해야 한다. 구글은 반대로 번역했지만, chatGPT와 Perplexity는 이를 정확하게 번역했다.

추천 PE문 | In the preparation method of the present invention, a clear aqueous solution of the organic salt is prepared, and the aqueous solution is added dropwise to an organic solvent such as alcohol or acetone or a mixture thereof in an amount four times the volume of the aqueous solution to precipitate crystals.

(2) 다음은 한 대학교의 훌륭한 연구 실적 홍보 자료이다.

원문 방선균에서 생산되는 천연물의 경우, 현재 시장에서 판매되고 있는 항생제, 항암제, 면역억제제 등 미생물 유래 천연물 의약품의 약 60%에 해당하는 등 해당 분야 발전에 주요한 균주로 떠오르고 있다.

Google | Natural products produced by actinomycetes account for approximately 60% of microbial-derived natural product pharmaceuticals, such as antibiotics, anticancer drugs, and immunosuppressants, currently sold in the market, and are emerging as key strains for the development of this field.

DeepL | The natural products produced by actinomycetes are emerging as key strains for the development of the field, accounting for about 60% of the microbial-derived natural product medicines such as antibiotics, anticancer drugs, and immunosuppressants currently available on the market.

ChatGPT | In the case of natural products produced by actinomycetes, they have emerged as key strains in the development of this field, accounting for approximately 60% of microbial-derived natural product drugs currently on the market, including antibiotics, anticancer agents, and immunosuppressants.

Perplexity | In the case of natural products produced by actinomycetes, they are emerging as a key strain in the development of the field, accounting for about 60% of microbial-derived natural product medicines currently on the market, such as antibiotics, anticancer drugs, and immunosuppressants.

한국어 문장의 '---의 경우에'가 혼란을 일으킨 흔한 사례들 중 하나이다. 문장 호응이 맞지 않게 된 것이다. '천연물 의약품의 약 60%에 해당하는(또는 약 60%를 차지하는)' 것의 주어는 '방선균에서 생산되는 천연물'이지만, '주요한 균주로 떠오르고 있다'의 주어는 '방선균'이 되어야 한다. 위의 번역기들이 이 둘을 구분하지 않았기 때문에 모두 오류를 안고 있다. 이럴 때는, 원문을 프리에디팅(pre-editing)해서 '경우에'를 없애고, 주어를 명확히 맞춰주고 다시 번역을 시키는 것이 좋다.

수정한 한국어 원문 방선균에서 생산되는 천연물이 현재 시장에서 판매되고 있는 항생제, 항암제, 면역억제제 등 미생물 유래 천연물 의약품의 약 60%에 해당하는 등, 방선균은 해당 분야 발전에 주요한 균주로 떠오르고 있다.

Google | Actinomycetes are emerging as key strains for the development of this field, as natural products produced from actinomycetes account for approximately 60% of microbial-derived natural product pharmaceuticals, including antibiotics, anticancer agents, and immunosuppressants, currently sold in the market.

DeepL | Actinomycetes have emerged as a key strain in the development of the field, with natural products produced by actinomycetes accounting for about 60% of the microbial-derived natural product medicines currently available on the market, including antibiotics, anticancer drugs, and immunosuppressants.

ChatGPT | The natural products produced by actinomycetes account for approximately 60% of microbial-derived natural product drugs currently on the market, including antibiotics, anticancer agents, and immunosuppressants. As a result, actinomycetes have emerged as key strains in the advancement of this field.

Perplexity | Natural products produced by actinomycetes account for approximately 60% of microbial-derived natural product medicines currently on the market, such as antibiotics, anticancer drugs, and immunosuppressants, making actinomycetes an emerging key strain in the development of this field.

스타일은 조금씩 다르지만, 네 가지 AI 번역기 모두 오류 없는 무난한 문장으로 번역해 주었다. 이처럼 원문에 오류가 있다면 이를 간단히 수정하고 다시 AI 번역기를 돌리는 방식으로 문제를 해결할 수도 있다는 점을 기억하자.

(3) 다음은 로봇과 함께 하는 작업의 안전을 위한 가이드라인의 일부분이다.

원문 작업을 하고 있는 동안 로봇의 기동스위치 등에 '사용 중 조작 금지' 또는 '출입금지' 표시(부록E.참조)를 잘 보이는 장소(로봇, 울타리, 파티션 등)에 부착하여 작업에 종사하고 있는 근로자가 아닌 사람이 출입, 접근하거나 스위치 등을 조작할 수 없도록 하여야 한다.

Google | While the robot is in operation, a "No Operation During Use" or "No Entry" sign (see Appendix E) must be attached to the robot's start switch, etc. in a conspicuous location (robot, fence, partition, etc.) to prevent non-workers from entering, approaching, or operating the switch, etc.

DeepL | "While the work is in progress, the 'Do not operate while in use' or 'Do not enter' sign (see Appendix E.) shall be affixed to the robot's start switch, etc. in a conspicuous place (robot, fence, partition, etc.) so that persons other than workers engaged in the work cannot enter, approach, or operate the switch, etc."

ChatGPT | "While work is being performed, a clearly visible sign such as 'Do Not Operate – In Use' or 'No Entry' (see Appendix E) must be placed on the robot, fence, partition, or other relevant locations. This is to ensure that individuals who are not involved in the work cannot enter the area, approach the robot, or operate any switches."

Grok | "While work is being performed, a sign indicating 'Do Not Operate – In Use' or 'No Entry' (refer to Appendix E) shall be prominently displayed at a visible location (on the robot, fence, partition, etc.) to prevent unauthorized persons, other than the workers engaged in the task, from entering, accessing, or operating switches."

Google과 DeepL이 '기동 스위치 등에'라는 표현을 살린 것에 반해, ChatGPT와 Grok은 이를 무시하고 '잘 보이는 장소'라는 표현만 살려 두었다. 원문에서 안전 표시를 부착할 위치를 두 가지로 제시함으로써 번역이 어렵게 된 상황이다. 왜 그렇게 됐을까? 포스트에디터가 편집이 필요한 사항을 찾아내야 하는 상황이다. 내용을 조금 생각해 보면 '사용 중 조작 금지' 표지는 기계 조작을 금지하는 것이지 기계의 기동 스위치에 부착하는 것이 맞고, '출입 금지' 표지는 어떤 장소나 공간으로의 이동을 금지하는 것이므로 '잘 보이는 장소(로봇, 울타리, 파티션)에 붙이는 것이 맞다. 한국어 원문이 이 두 가지 짝을 명확히 표현하지 않았기 때문에 문제가 생긴 것이다.

그렇다면, 원문을 고쳐 보자.

수정한 한국어 원문 작업을 하고 있는 동안 로봇의 기동스위치 등에 '사용 중 조작 금지'라는 표시를 부착하고, '출입 금지' 표시(부록E.참조)를 잘 보이는 장소(로봇, 울타리, 파티션 등)에 부착하여, 작업에 종사하고 있는 근로자가 아닌 사람이 출입, 접근하거나 스위치 등을 조작할 수 없도록 하여야 한다.

Google | While the robot is in operation, a "No Operation While in Use" sign must be attached to the robot's start switch, etc., and a "No Entry" sign (see Appendix E) must be attached to a conspicuous location (robot, fence, partition, etc.) to prevent non-workers from entering, approaching, or operating switches, etc.

ChatGPT | "During work operations, a sign reading 'Do Not Operate – In Use' must be attached to the robot's activation switch, and a 'No Entry' sign (see Appendix E) must be placed in a clearly visible location such as on the robot, fence, or partition. These measures are to ensure that individuals not engaged in the work cannot enter the area, approach the robot, or operate any switches."

ChatGPT가 안전관리 지침서 스타일로 다듬어 줄 수 있다고 하길래 그래보라고 했더니 다음 번역문을 준다.

ChatGPT | "During work operations, a sign stating 'Do Not Operate – In Use' shall be affixed to the robot's activation switch, and a 'No Entry' sign (refer to Appendix E) shall be posted in a clearly visible location such as on the robot, safety fence, or partition. These signs must be used to ensure that personnel not involved in the work cannot enter the area, approach the robot, or operate any switches."

위의 번역문을 안전 가이드라인용 이미지를 (지브리 스타일로) 만들어 달라고 했더니 다음 이미지를 만들어 주었다.

조금 어설프긴 하지만, '조작 금지' 표지는 기동 스위치에 부착되어 있고, '출입 금지'는 펜스에 부착되어 있음을 확인할 수 있다. 번역자가 원문을 읽으면서, 표지와 부착 위치의 쌍을 위의 이미지와 같이 떠올렸다면,

원문을 고치거나, 아니면 번역문을 고치기가 쉬웠을 것이다. 이 예시처럼, 포스트에디팅 작업을 수행할 때는 '나는 주어진 문장을 읽고 이미지를 생성하는 AI이다'라는 생각을 하자. 특히 과학기술 텍스트에서는 이러한 사실 관계(혹은 기술 내용)를 구조화하는 사고가 중요하다.

(4) 역시 작업 안전 가이드라인의 일부이다. 각 AI 번역문을 평가해 보자.

연습 문제 "접촉이 발생하는 작업 시나리오를 면밀히 분석하여, 공정에 관여하는 모든 인원들은 접촉 발생 시나리오 및 접촉의 유형(준정적 또는 동적)을 인지해야 한다."

Claude | "All personnel involved in the process must carefully analyze work scenarios where contact may occur, and be aware of contact scenarios and the types of contact (quasi-static or dynamic)."

ChatGPT | "Work scenarios involving contact must be thoroughly analyzed, and all personnel involved in the process shall be made aware of potential contact situations and the type of contact—quasi-static or dynamic."

Google | "The work scenarios in which contact occurs should be carefully analyzed so that all personnel involved in the process are aware of the contact scenarios and the type of contact (quasi-static or dynamic)."

각 번역문이 별 문제 없어 보이지만, 토의할 내용이 조금씩 있다. Claude의 번역문에서, 면밀히 분석하는 행동은 모든 인원이 하는 것이 아닐 것이다. 인지하는 것은 모든 인원이 하는 것이다. 의미의 범위가 넓어진 것이다. ChatGPT는 분석하는 행동에 관한 문장을 수동태로 처리하여 행동의 주체를 숨겼다. 이게 맞다. 단, 시나리오를 situation으로 바꾸었는데, 이는 의뢰인의 불만을 야기할 수 있다. Google 역시 분석하는 행동에 관한 문장을 수동태로 처리하여 행동의 주체를 숨겼다.

S2 - 연습 문제

1. 다음 원문과 구글 번역문을 비교하여, 번역문을 수정해 보자. 이후, 원문에서 복문의 주어를 첨가하여 수정해보자. 수정한 원문을 구글 번역에 입력하여, 번역문이 앞에서 수정한 것과 어떻게 달라지는지 비교하자.

1) **원문 |** 서열 동일성의 백분율의 계산 및/또는 결정 방법은 달리 제한되지 않으며, 당해 기술분야의 통상의 기술자에 의해 이용될 수 있는 합리적인 방법 또는 알고리즘을 통해 계산 및/또는 결정될 수 있다.

Google | The method for calculating and/or determining the percentage of sequence identity is not otherwise limited and may be calculated and/or determined through any reasonable method or algorithm available to a person skilled in the art.

2) **원문 |** 최근 전자, 화학, 의료 분야 등에서 폭넓게 연구되고 있는 나노기술은 크기와 형태에 따라 성질이 급격히 변하기 때문에, 원하는 특성을 가지는 나노구조를 설계하고 제작하는 방법이 중요하다.

Google | Nanotechnology, which has been widely studied in the fields of electronics, chemistry, and medicine, has properties that change rapidly depending on its size and shape, so methods for designing and manufacturing nanostructures with desired properties are important.

2. 다음 원문의 가장 좋은 AI 번역문을 골라보자.

연습문제 | 로봇 셀은 출입문 이외의 개구부가 없고, 출입문 연동장치는 문을 닫아도 바로 재기동이 되지 않고 별도의 기동장치에 의해 재기동 되는 구조여야 한다.
(재기동하는 것은 무엇인가? 출입문? 출입문 연동장치? 로봇 셀? '로봇'?)

DeepL | The robot cell must have no openings other than the door, and the door interlocking device must be restarted by a separate actuator instead of being restarted immediately when the door is closed.

Google | The robot cell must have no openings other than the door, and the door linkage device must not be restarted immediately when the door is closed, but must be structured to be restarted by a separate starting device.

(**ChatGPT |** "The robot cell must have no openings other than the entry door, and the door interlock device must be designed so that the **robot** does not restart immediately upon closing the door, but only restarts through a separate activation device.")

3. 아래 원문에 대한 각 번역문의 오류를 찾아보고, 토의해 보자. 그 후, 올바른 번역문을 제시해 보자.

원문 | "작업자와 접촉이 가능한 로봇의 부위는 신체 일부가 끼일 수 없는 구조이거나 틈새를 차단하거나 로봇의 접촉에 의해 상해를 유발

할 수 있는 위험원이 존재하지 않아야 한다"

- Google | Parts of the robot that can come into contact with the worker must not have a structure that prevents body parts from getting caught, must not block gaps, or must not have any hazards that could cause injury by contact with the robot. **(의미 반대)**
- DeepL | "The parts of the robot that can come into contact with the operator must be of such a design that no part of the body can be trapped, or there must be no gaps or other sources of danger that could cause injury by contact with the robot." **('차단'의 의미 누락)**
- ChatGPT | "Parts of the robot that may come into contact with workers shall be designed to prevent body parts from being trapped, ensure that all gaps are either eliminated or properly shielded, and must not contain any hazards capable of causing injury upon contact." **(가능성과 능력의 혼동)**
- Perplexity | "The parts of the robot that can come into contact with the operator must be designed in a way that prevents any body parts from being trapped, seals gaps, or ensures that no hazardous elements exist that could cause injury through contact with the robot." **('차단'의 의미 누락)**
- Claude | "Robot parts that can come into contact with workers must be designed so that no body part can be trapped, gaps must be blocked, and there should be no hazards that could cause injury through contact with the robot." **(자연스러움)**

4. 아래 두 번역문의 오류가 무엇인지 설명해 보자. 원문을 수정하는 프리에디팅 전략을 사용한다면 원문을 어떻게 수정할 것인지 논의해 보자. 수정한 원문의 AI 번역문들을 구해, 이전 번역문들과 비교해 보자.

원문 | 일반적으로 난용성 약물의 생체이용률 및 위장관 내에서 최소화된 약물 흡수 편차를 갖게 하기 위한 시도들이 있었지만, 난용성 약물의 입도의 감소와 생체이용률의 증가가 항상 상관관계를 나타내는 것은 아니다.

Google | Although attempts have been made to minimize the bioavailability of poorly soluble drugs and the drug absorption variation within the gastrointestinal tract, a decrease in particle size of poorly soluble drugs does not always correlate with an increase in bioavailability.

✦ **Gemini |** "Although attempts have generally been made to achieve bioavailability of poorly soluble drugs and minimized variation in drug absorption within the gastrointestinal tract, a reduction in the particle size of poorly soluble drugs and an increase in bioavailability do not always show a correlation."

3) S3 - 전문 지식 부족 오류

포스트에디터들이 종종 발견하는 오류는 전문 지식의 부족에서 오는 오류이다. 이는 원문 자체의 오류일 수도 있고 번역문 상의 오류일 수도 있다. S3 오류는 다른 구조 오류 유형과 유사해 보일 수 있지만, 문장상 또는 언어상의 오류가 아니라 전문 분야 지식의 부족으로 인한 오류를 가리킨다. 따라서, 전문 분야 지식을 갖춘 포스트에디터라면 금방 알아차릴 수 있는 오류인 것이다.

(1) 다음은 명확하게 오류라고 보기 힘든 사례이다

이러한 경우 포스트에디터가 어떻게 대처할 수 있는지 알아보자. 특허 WO2024058315A1 ("Cpne7 유래 펩타이드를 포함하는 상아질 접착용 조성물 및 치수복조용 조성물")에서 일부 수정한 문장이다. (원래의 한글 원문에 영문 용어가 괄호 안에 제시되어 있다.)

원문 상기 배양은 배치 공정 또는 주입 배치 또는 반복 주입 배치 공정 (fed batch or repeated fed batch process)에서 연속식으로 배양할 수 있다.

Google | The above culture can be cultured continuously in a batch process or a fed batch or repeated fed batch process.

DeepL | The cultures may be cultured in a batch process or continuously in a fed batch or repeated fed batch process.

Claude | The above cultivation can be performed continuously in a batch process, fed-batch process, or repeated fed-batch process (fed batch or repeated fed batch process).

ChatGPT | The above cultivation can be carried out continuously in a batch process, injection batch process, or repeated injection batch process (fed-batch or repeated fed-batch process).

DeepSeek | The aforementioned cultivation can be carried out continuously in a batch process, a fed-batch process, or a repeated fed-batch process.

위의 어떤 AI 번역기도 배치 공정이 '연속식'이 아닐 수도 있다는 점을 의심하지 않았다. 즉, '배치 공정 또는 주입 배치 또는 반복 주입 배치 공정'이 모두 연속식으로 배양하는 방법의 예들이라고 생각한 것이다. (자세한 것은 원저자에게 물어 봐야 하겠지만, 원저자가 '공정'이라는 단어를 두 번 써서, 그리고 괄호 안에 뒤의 두 가지 방법을 묶고 영문 용어를 제시함으로써, 위의 세 가지 방법을 두 가지로 구분해 둔 것으로 보인다. 즉, 원저자는 "'배치 공정'은 불연속식 배양인데 이건 너희들이 이미 불연속식이라는 걸 아는 것 같고, 나머지 '주입 배치 공정'과 '반복 주입 배치 공정'은 연속식이라는 것을 내가 알려주마."의 의도로 작성한 것일 수 있다.)

DeepL은 마치 원저자의 이런 생각을 간파하여 번역한 것 같은 결과를 제시했다. (과연 그럴까?) 단, 아쉽게도 '상기 배양은…배양할 수 있다.'라는 한글 원문의 맞지 않는 호응을 수정하지 않는 우를 범했다. 구글도 같은 우를 범했다. 다른 번역기들은 이를 수정했다.

Claude는 원저자가 제시한 용어를 너무나 중요시한 나머지 괄호 안의 동일한 용어를 두 번이나 제시하는 오류를 일으켰다.

ChatGPT는 원저자가 제시한 용어를 채택하지 않고 자신만의 번역 용어를 제시하고 원저자의 용어를 괄호 안에 제시하는 약간의 대담함(또는 약간의 주제넘음을) 보였다.

- 위의 예는 5가지 번역기 모두 나름의 오류를 가지고 있음을 보여준다. 원저자의 의도를 읽으려는, 그리고 원문의 오류를 파악하려는 노력을 기울이는 것이 중요함을 보여준다.
- 더 확실히 하기 위해 Claude에게 다음과 같이 물어 보고 답을 얻었다.

Y 배치 공정, 주입 배치 공정, 반복 주입 배치 공정을 간단한 그림으로 설명해 줄래?

</> **Batch Process Types Comparison**
Click to open diagram

각 공정의 주요 특징을 설명하면:

1. 배치 공정 (Batch Process):
- 처음에 모든 영양분을 한번에 넣고 시작
- 중간에 추가 영양분 공급 없음
- 한 번의 배양이 끝나면 전체를 수확

2. 주입 배치 공정 (Fed-batch Process):
- 초기에 기본 영양분으로 시작
- 배양 중 지속적으로 새로운 영양분 공급
- 배양이 끝나면 전체를 한 번에 수확

3. 반복 주입 배치 공정 (Repeated Fed-batch):
- 주입 배치처럼 영양분을 계속 공급
- 배양액의 일부만 수확하고 나머지는 계속 배양
- 수확한 만큼 새로운 배지를 보충
- 이 과정을 여러 번 반복

각 방식은 생산하고자 하는 제품이나 미생물의 특성에 따라 선택적으로 사용됩니다.
더 자세한 설명이 필요하신가요?

Copy Retry

Claude can make mistakes. Please double-check responses.

이해가 될 것이다. 일상생활에서 비유를 찾아보자면, 라면을 하나 끓여 먹고, 설거지를 한 다음 다시 하나 끓여 먹는 것이 배치 공정이고, 라면을 끓여서 면을 다 먹고 다시 면을 하나 새로 넣고 물과 스프도 조금 보충해서 또 먹는 것이 주입 배치 공정이고, 이를 계속 반복하여 '연타 라면'을 끓여 먹는 것이 반복 주입 배치 공정인 것이다. (KBS 예능프로그램 '1박2일' 시즌1 151화 참조 https://youtu.be/-150Im-TOw4) 물론 주입 배치 또는 반복 주입 배치 공정이 완전한 '연속 공정'(24시간 정상 상태로, 유입물과 배출물이 연속적으로 흐르는 공정)은 아니지만, 일반 배치 공정과 비교했을 때는 연속적인 방식이다. 1) 회분식 배양 (batch culture) 2) 반복식 배양 (repeated batch culture) 3) 연속식 배양 (continuous culture) 4) 유가식 배양 (fed-batch culture) 5) 관류식 배양 (perfusion culture) 6) 복합방식 (repeated fed-batch culture)로 상세히 구분할 수도 있다.) 그러나, 적어도 저자는 주입 배치 또는 반복 주입 배치 공정을 '연속적인 방식'의 범위에 넣고 싶어 했을 것 같으므로, 우리는 그 의도에 맞는 번역문을 제시해 주면 된다.

추천 번역문 | The culture may be performed in a batch process or in a continuous manner in a fed batch or repeated fed batch process.

하지만, 어쨌든 배치 공정은 연속 공정이 아니므로 의문이 여전히 남아 있다. 이럴 때는, 가능한 경우라면, 솔직하게 원저자와 소통하는 것도 한 가지 방법이다.

예를 들어, 조금이라도 주제넘어 보이지 않기를 원한다면 "The culturing may be performed <u>in a continuous manner</u> in a batch process, or a fed batch or repeated fed batch process."이라는 번역문을 제시하고, 이런 코멘트를 메모로 남길 수 있다.

'배치 공정 또는 주입 배치 또는 반복 주입 배치 공정(fed batch or repeated fed batch process)에서 연속식으로 배양할 수 있다'로 기재되어 있어, 이 모든 공정에서 연속식으로 배양되는 것으로 번역하였으나, 단순 배치 공정은 '연속 공정'으로 보기 어려우므로, 올바로 번역된 것인지 확인 바랍니다.
만일, 배치 공정을 제외하고 '주입 배치 또는 반복 주입 배치 공정'에서만 '연속식'으로 배양된다는 의미라면 "The culturing may be performed in a batch process, or in a continuous manner in a fed batch or repeated fed batch process."로 번역 가능합니다.

이렇게 하면, 어떤 효과를 얻을 수 있을까?

① 원저자는 자신의 문장이 오해를 불러일으킬 수 있음을 인지할 수 있다. (그래서 필요시 한글 원문을 수정할 수 있다.)
② 원저자는 자신의 의도와 맞는 번역문을 선택함으로써, 번역자와의 추가적인 소통 없이, 간단하게 번역문을 수정할 수 있다.
③ 번역자는 시간을 많이 소비하여, 번역 효율이 매우 떨어질 수 있다. 하지만, 번역자는 꼼꼼하고 친절한 번역자라는 평판을 얻을 수 있다.

상술한 포스트에디팅 예시를 다시 살펴보면, 'in a continuous manner'라는 부사구의 위치만이 문제가 되었는데, 그 위치를 결정하는 데 정말 많은 노력과 시간이 들었다는 알 수 있다. 문학 번역과 인문, 역사 분야 번역과 마찬가지로, 여러 지식과 검색 능력을 동원해야 부사구 위치 하나를 정확하게 결정할 수 있다. 과학기술 텍스트 번역도 만만치 않은 연구와 조사가 필요한 것이다.

(2) 다음 예는 배터리 화재에 대한 연구실 안전 지침의 일부이다.

원문 화재확산방지포는 화재 시 산소공급을 차단하는 방식으로 배터리의 열폭주를 완전히 억제하고 화재를 진압하는데 한계가 있지만, 초기화재 시 주변으로의 화재확산을 방지하고 유해가스 방출을 줄이는 데 효과적이기 때문에 배터리를 취급하는 연구실에 비치를 권장한다.

Google | Fire spread prevention foam has limitations in completely suppressing thermal runaway of batteries and extinguishing fires by cutting off the oxygen supply in the event of a fire, but it is effective in preventing fire from spreading to surrounding areas in the event of an initial fire and reducing the emission of hazardous gases, so it is recommended to be placed in laboratories that handle batteries.

DeepL | Fire spread cannons are limited in their ability to completely contain the thermal runaway of a battery and extinguish a fire by cutting off the oxygen supply in the event of a fire, but they are effective in preventing the spread of fire to the surrounding area and reducing harmful gas emissions in the event of an initial fire, so they are recommended for laboratories that handle batteries.

ChatGPT | "While fire suppression blankets have limitations in fully suppressing battery thermal runaway and extinguishing the fire by cutting off the oxygen supply during a fire, they are effective in preventing the spread of fire to surrounding areas and reducing the release of toxic gases in the early stages. Therefore, it is recommended to keep them in laboratories that handle batteries."

※ **Perplexity** | "Fire containment blankets work by blocking oxygen supply during a fire, which limits their ability to completely suppress battery thermal runaway and extinguish the fire. However, they are effective in preventing the spread of fire to surrounding areas and reducing the release of harmful gases during the early stages of a fire. Therefore, it is recommended to have them available in laboratories that handle batteries."

'화재확산방지포'에서 '포'가 문제가 되었다. 비교적 새로운 화재 유형인 배터리 화재를 효과적으로 진압하기 위해 사용되는 것이다 보니, AI의 학습 데이터가 많이 부족했던 것 같다. Google은 '포'를 거품으로 번역했다. (포말(거품) 소화기라는 것이 있으니, 이를 학습한 것일까?) 그리고, '초기 화재'라는 표현은, '화재의 초기 단계'를 뜻하는 것이지, 1번 화재, 2번 화재, 3번 화재 중 1번 화재를 가리키는 것이 아니다. DeepL은 '포'를 대포로 번역했다. (대포알을 쏴서 한 방에 배터리 화재를 진압하는 시대는 아직 오지 않았다.)

거품인가, 대포인가, 담요인가

ChatGPT와 Perplexity의 번역문에 있어서, '화재확산방지포는 화재 시 산소공급을 차단하는 방식으로'라는 기재는 단순히 방지포의 화재 진압 원리를 설명하는 것이다. Google과 DeepL과 ChatGPT는 방지포가 '산소 공급 차단 방식으로는' 화재 진압하기에는 한계가 있다는 의미를 전달한다. 마치 다른 방식으로는 잘할 수 있는 것처럼 말이다. 하지만 화재확산 방지포는 산소 공급 차단 방식 외에 다른 방식으로 화재를 진압할 수 있는 수단이 아니다. 물론 그 방식으로 화재 진압에 한계가 있겠지만, 그런 뉘앙스를 주기 원했다면, 저자가 '화재확산방지포는 화재 시 산소공급을 차단하는 방식이라…. 이런저런 한계가 있다'라고 했을 가능성이 높다. 그렇다면, 저자는 그저 중립적인 의미로 '화재확산방지포'의 화재 진압 원리를 설명하려고 했을 수 있다. 그렇다면, 추천 번역문은 다음과 같다.

추천 번역문 | Fire spread prevention blankets block the oxygen supply in the event of a fire. Although they have limitations in completely suppressing thermal runaway of batteries and extinguishing fires, placing them in laboratories handling batteries is recommended because they are effective in preventing fire from spreading to surrounding areas and reducing the release of hazardous gases in early stages of a fire.

화재확산방지포
출처: https://cdn.news.lghellovision.net/news/photo/202408/479725_94661_5427.png

위의 사진을 한번이라도 본 사람이라면, 배터리 화재 시 대포를 쏘거나 거품을 일으키는 실수를 하지는 않을 것이다. 리튬의 강한 반응성 때문에 이러한 방법을 쓴다.

S3 - 연습 문제

1. 다음 번역문에서 오류를 찾아보자. AI에게 오류 여부를 확인하기 위해 어떤 질문을 던지는 것이 좋을 것인지 생각해보자. 그리고, 그 오류를 수정하여 번역문을 완성해보자.

원문 | 상기 더미 리세스 공정은 인산을 포함하는 에천트를 사용한 습식 식각 공정 또는 건식 식각 공정일 수 있다.

Google | The above dummy recess process may be a wet etching process or a dry etching process using an etchant containing phosphoric acid.

2. 다음 번역문들을 비교하고 오류를 찾아보자. 한글 원문의 어떤 표현 때문에 오류가 생긴 것인지 알아보자. AI에게 오류 여부를 확인하기 위해 어떤 질문을 던지는 것이 좋을 것인지 생각해보자. 그리고, 그 오류를 수정하여 번역문을 완성해보자.

원문 | 펨브롤리주맙은 면역관문 억제제의 하나로서, 백혈구의 일종인 T세포에서 발견되는 PD-1 단백질에 결합하여 PD-1을 차단하고 면역체계가 암세포를 저해시키는 것에 대해 효과를 발휘하는 장점이 있다.

Google | Pembrolizumab is one of the immune checkpoint inhibitors, and has the advantage of binding to the PD-1 protein found on T cells, a type of white blood cell, and blocking PD-1, thereby preventing the immune system from suppressing cancer cells.

DeepL | Pembrolizumab is a type of immune checkpoint inhibitor that works by binding to the PD-1 protein found on T cells, a type of white blood cell, to block PD-1 and prevent the immune system from attacking cancer cells.

Perplexity | Pembrolizumab is one of the immune checkpoint inhibitors, and it works by binding to the PD-1 protein found on T cells, a type of white blood cell. By blocking PD-1, it enables the immune system to more effectively inhibit cancer cells.

ChatGPT | Pembrolizumab is an immune checkpoint inhibitor that exerts its therapeutic effect by binding to the PD-1 protein on T cells, thereby blocking the PD-1 pathway and enhancing the immune system's ability to suppress cancer cells.

4) S4 – 비문/오타 포함 텍스트로 인한 결과물 수정

원문에 포함된 비문과 오타는 AI에게 대혼란을 준다. 마치 이세돌 9단이 알파고와 대결할 때 4국에서 허를 찌르는 한 수가 AI에게 대혼란을 준 것처럼, 원문에 포함된 비문과 오타는 AI 번역문의 품질을 크게 떨어뜨린다. (그리고 동시에 포스트에디터에게도 대혼란을 준다.)

(1) 다음은 가벼운 오류가 들어 있는 비문의 예이다.

원문 상기 인터페론-감마(IFN-γ)의 함량은 배지 조성물 전체 중량을 기준으로 1 내지 200 ng/mL, 바람직하게는 1 내지 50 ng/mL의 양으로 포함될 수 있다.

Google | The content of the above interferon-gamma (IFN-γ) may be included in an amount of 1 to 200 ng/mL, preferably 1 to 50 ng/mL, based on the total weight of the medium composition.

- 포함되는 것은 '함량'이 아니라 '인터페론-감마(IFN-γ)'이다. 따라서, 원문은 '인터페론-감마(IFN-γ)가 이러이러한 양으로 포함될 수 있다.'로 작성되었어야 한다. 이러한 원문의 가벼운 오류(의외로 자주 발견된다. '함량'을 한국어에서 먼저 언급하는 것은 '함량'으로 주의를 환기 시키기 위한 것으로 한국어 사용자들의 언어 습관 때문인 것으로 보인다.)는 '함량'과 '양' 중 하나를 제거함으로 해결할 수 있다.

추천 번역문 | The interferon-gamma (IFN-γ) may be included in an amount of 1 to 200 ng/mL, preferably 1 to 50 ng/mL based on the total weight of the medium composition.

- 굳이 '함량'과 '양'이라는 단어를 모두 살리고 싶다면, Regarding the content, the interferon-gamma (IFN-γ) may be included in an amount of 1 to 200 ng/mL, preferably 1 to 50 ng/mL, based on the total weight of the medium composition.
- 하지만 이러한 문장은 간결성이 떨어져 추천하고 싶지 않다.

(2) 다음은 오타가 들어 있는 한글 원문에 대응하는 방법을 생각해 보자.

원문의 올바른 철자가 무엇인지 금방 알 수 있다면, 포스트에디터는 조용히 수정해 주면 되지만, 올바른 철자가 무엇인지 확실하지 않다면 여러 방법을 동원해서 대처할 필요가 있겠다. 아래 예문은 특허 명세서에 자주 등장하는 상용구이다. 하지만, 상용구라 하더라도 조금씩 다를 수 있기 때문에 포스트에디터는 조심스럽게 다루어야 한다.

원문 그리고 후술되는 용어들은 본 발명에서의 기증을 고려하여 정의된 용어들로서 이는 사용자, 운용자의 의도 또는 관례 등에 따라 달라질 수 있다.

Google | In addition, the terms described below are terms defined in consideration of the contribution in the present invention, and these may vary depending on the intention or custom of the user or operator.

DeepL | The following terms are defined in light of the contributions of the present invention, which may vary depending on the user, operator's intent or custom.

의문이 든다. 도대체 '기증'이라는 말은 왜 들어갔을까? 도대체 용어를 정의하는 것과 기증이 무슨 관계가 있을까. ChatGPT와 Claude는 다른 의견을 내놓았다.

ChatGPT | "Additionally, the terms described later are defined based on the context of the present invention, and these definitions may vary depending on the user's, operator's intent, or customary practices."

ChatGPT는 contribution 대신 context라는 단어를 선택했다. 그러고 보니 말이 되는 것 같다. 용어를 문맥에 맞게 새로 정의했다는 말이니까.

Claude | And the terms described below are defined in consideration of the purpose of this invention, which may vary depending on the user's intention, operator's intention, or conventions.

Claude는 contribution 대신 purpose라는 단어를 선택했다. 하지만 한글 원저자가 '문맥'과 '목적'을 '기증'으로 잘못 기재했을 것 같지는 않다. 철자가 너무 다르니까 말이다. 그래서 Claude에게 한번 물어 보았다.

프롬프트 Why did you translate '기증' into purpose?

Claude | I apologize for my error. You're right - I incorrectly trans-

lated "기증" (contribution/donation) as "purpose." This appears to be a mistake on my part.
However, given the context of this technical/patent-like document, I wonder if "기증" might be a typo for "기술" (technology) or "기능" (function), as these would make more sense in this context. In patent documents, it's common to define terms according to the technology or function being described.

이유는 모르겠지만 거의 모든 AI는 매우 겸손하다. 사과가 빠르다. 중요한 건 빠른 사과 이후에 그럴듯한 힌트를 주었다는 것이다. 특히 특허 문헌에서 특정 용어를 해당 기술이나 기능에 따라 새로 정의하곤 하니 말이다. 그러면 '기증'은 '기능'의 오타일 가능성이 높다. 하지만 확실치는 않으니, 포스트 에디터는 번역문과 함께 친절한 메모를 남긴다.

추천 번역문 | In addition, the terms described below are terms defined in consideration of the functions in the present invention, and these definitions may vary depending on the intention of the user or operator or customary practices.

"원문에 '본 발명에서의 기증을 고려하여 정의된 용어들로서'로 되어 있으나, '기증'은 '기능'의 오타로 보입니다. 이에 따라 번역하였으니, 확인 바랍니다."

이러면 포스트에디터도 마음이 편하고, 의뢰인도 자신의 실수를 포스트에디터가 친절하게 고쳐 준 것으로 받아들여 마음의 상처가 덜하다. 아무런 설명 없이 포스트에디터가 스스로 이해한 바에 따라 수정 번역해 놓으며, 원저자는 괘씸한 기분이 들 수 있다. 조금 번거롭더라도 원저자와 소통할 수 있도록 코멘트를 자주 남기는 습관을 기르자.

3) 다음 한글 원문의 문제를 파악하고, 원문을 고쳐보자.

원문 산업화에 따른 환경 오염 물질의 발생은 수질오염 및 대기오염을 일으킬 뿐만 아니라 생태계 파괴와 인류의 건강까지 위협받고 있다.

Grok | The generation of environmental pollutants due to industrialization not only causes water and air pollution but also threatens ecosystem destruction and human health.

ChatGPT | The generation of environmental pollutants due to industrialization not only causes water and air pollution but also leads to the destruction of ecosystems and poses a threat to human health.

원문이 비문이다. '환경 오염 물질의 발생은…생태계 파괴와 인류의 건강까지 위협받고 있다'로 기재되어 있지만, '환경 오염 물질의 발생은…생태계 파괴를 일으키고 인류의 건강까지 위협하고 있다'가 올바른 문장일 것이다.

Grok AI 번역기는 환경 오염 물질의 발생이 '생태계 파괴'와 '인류의 건강'을 위협한다고 하는데, 사실은 환경 오염 물질의 발생은 '생태계를 파괴'하고 '인류의 건강을 위협'하는 것이다. 즉, 생태계는 '파괴하다'의 목적어이고, 인류의 건강의 '위협하다'의 목적어인 것이다. ChatGPT는 이를 간파하고 올바른 번역문을 내놓았다.

수정한 한국어 원문을 제공하고 Grok에게 두 번째 기회를 주어 보았다.

수정한 원문 산업화에 따른 환경 오염 물질의 발생은 수질오염 및 대기오염을 일으킬 뿐만 아니라 생태계를 파괴하고 인류의 건강을 위협하고 있다.

Ø Grok | The generation of environmental pollutants due to industrialization not only causes water and air pollution but also destroys ecosystems and threatens human health.

다양한 방법으로 S4 오류에 대응할 수 있겠다. 포스트에디터가 저자의 의도를 잘 추론하여 그에 맞게 AI 번역문을 수정하면 제일 좋을 것이다. 또 다른 방법은 AI가 먼저 한국어 문장의 문법적 오류를 찾아달라고 하는 것이다. 원본 문서 파일이나 링크를 구할 수 있고, 또 AI에 입력하는 것이 허용되는 상황이라면 시도해볼 가치가 있다. 파일을 업로드 한 다음, "이 파일을 읽고, 문법적으로 틀린 문장을 찾아줘. 띄어쓰기 오류는 제외하고"와 같은 프롬프트를 사용할 수 있다. 예를 들어, 아래와 같은 결과를 받을 수 있다.

☑ 문제 문장 2

> **"기존의 연속 흐름 기반의 미세유체 시스템에서는 매우 낮은 레이놀즈 수로 인한 층류 흐름으로 인해 두 시약의 혼합은 각 시약의 경계면에서의 확산에 크게 의존하게 되어 효율적이지 못했다."**

- **문제점**: "인해-으로 인해-하게 되어" 식 중복 종속 연결 구조
- **수정 제안**:
  "기존의 연속 흐름 기반 미세유체 시스템에서는 레이놀즈 수가 낮아 층류 흐름이 형성되고, 이로 인해 시약 혼합이 경계면 확산에만 의존하게 되어 비효율적이었다."

☑ 문제 문장 7

> **"이렇듯 앞으로 액적 기반의 미세유체 시스템이 가지는 장점을 살려 다양한 분야에 걸쳐 융합기술로 발전을 해 나간다면 산업적, 학문적으로 더욱 큰 시너지 효과를 낼 수 있을 것이다."**

- **문제점**: 조동사와 부사, 조건, 목적어, 문장 어순이 복잡하게 연결
- **수정 제안**:
  "앞으로 액적 기반 미세유체 시스템의 장점을 살려 다양한 분야에 융합기술로 발전시킨다면, 산업적·학문적으로 큰 시너지 효과를 기대할 수 있을 것이다."

참고로, 위 예시는 (정재훈, 이창수. (2010). 액적 기반의 미세유체 시스템의 현황. Korean Chemical Engineering Research(HWAHAK KONGHAK), 48(5), 545-555.)의 전체 파일을 AI에 입력하고 문법적 오류를 찾아달라고 한 것이다. (매우 훌륭한 논문이다.) 엄격하게 말해 오류라고 보기는 힘들지만, 문맥을 보지 않은 경우에는 다소 복잡하게 보일 수 있는 문장들을 보여주는 것 같다. 수정 제안까지 AI가 제시해 주므로, 복잡한 문장의 의미를 이해하기 어려운 경우 AI의 이해를 참고할 수 있을 것이다.

정리하자면, 포스트에디터는 해당 문장이 나왔을 때 1) 한국어 원문을 올바로 이해하고 제공된 AI 번역문을 수정하거나, 2) 한국어 원문을 문법적으로 바르게 고쳐서 AI 번역문을 재생산하는 방법으로 대응할 수 있다.

S4 - 연습 문제

1. L1 오류에 등장했던 한국어 원문이다. 한국어 원문('경우'를 없애서 호응을 맞춘다)을 수정하고 AI 번역문을 생성한 다음 비교해 보자.

원문 | 로수바스타틴의 경우 일반적으로 강산성 조건에서 불안정하고 에제티미브의 경우 강한 염기성 환경에서 불안정하여 다수의 유연물질이 생성되므로 이들 두 약물의 복합제제 제조시 활성성분의 안정성을 확보하기 어렵다는 문제가 있다.

Claude | In the case of rosuvastatin, it is generally unstable under strongly acidic conditions, while ezetimibe is unstable in strongly basic environments, resulting in the formation of multiple related substances. Therefore, when manufacturing combination drugs containing these two active ingredients, there is a challenge in ensuring the stability of the active ingredients.

2. 다음은 접속사로 연결된 문장으로 동일한 주어인데 호응이 맞지 않게 작성된 원문이다. 두 번역문 중 더 적절한 것을 골라보고 그 이유를 설명해 보자.

원문 | 본 발명의 촉매 제조방법은 공정 비용을 절감하게 하고, 염기성 조건에서 높은 효율을 보이는 전극을 제조할 수 있다.

Google | The catalyst manufacturing method of the present invention reduces process costs and can manufacture an electrode exhibiting high efficiency under basic conditions.

ChatGPT | "The catalyst production method of the present invention reduces process costs and enables the fabrication of electrodes that exhibit high efficiency under alkaline conditions."

3. 다음 AI 번역문을 평가해 보고, 혼란이 생긴 이유를 파악해 보자. 한국어 원문을 수정하여, AI 번역문을 다시 구해 보고, 이를 원래의 번역문과 비교해 보자.

원문 | 세포외소포의 표면 특성을 바꿈으로써 원하는 조직(비만치료제의 경우에는 지방조직)에만 특이적으로 결합한다면 치료 효과를 극대화할 수 있다.

Google | By changing the surface properties of extracellular vesicles, we can maximize the therapeutic effect by specifically binding to the desired tissue (adipose tissue in the case of obesity treatment drugs).

ChatGPT | "By altering the surface properties of extracellular vesicles, it is possible to maximize therapeutic efficacy if they can specifically bind only to the target tissue (such as adipose tissue in the case of anti-obesity drugs)."

4. 다음 AI 번역문을 평가해 보고, 혼란이 생긴 이유를 파악해 보자. 가장 좋은 AI 번역문을 찾아보고, 그 이유를 설명해 보자. (어떤 실험 상황에 대한

것인지 찾아보자.) 한국어 원문을 수정하여, AI 번역문을 다시 구해 보고, 이를 원래의 번역문과 비교해 보자. (원문 출처: 이병진, 진시형, 정성근, 강경구 and 이창수. (2017). PEO-PPO-PEO 블록 공중합체를 이용한 PDMS의 친수성 표면 개질 방법. Korean Chemical Engineering Research(HWAHAK KONGHAK), 55(6), 791-797.)

원문 | "분산상은 친유성 용매인 hexadecane을 사용하였고 연속상으로는 친수성을 가지는 수용액이므로 채널을 친수성으로 바꾸어주었다."

ChatGPT | "The dispersed phase used hexadecane, a lipophilic solvent, and since the continuous phase was an aqueous solution with hydrophilic properties, the channels were modified to be hydrophilic."

DeepL | "We used hexadecane, which is a lipophilic solvent, for the dispersed phase and an aqueous solution, which is hydrophilic, for the continuous phase, which makes the channel hydrophilic."

Claude | "Hexadecane, a lipophilic solvent, was used as the dispersed phase, and since the continuous phase was a hydrophilic aqueous solution, the channel was modified to be hydrophilic."

5. 다음 AI 번역문을 평가해 보고, 혼란이 생긴 이유를 파악해 보자. 가장 좋은 AI 번역문을 찾아보고, 그 이유를 설명해 보자. 한국어 원문을 수정하여, AI 번역문을 다시 구해 보고, 이를 원래의 번역문과 비교해 보자. (한국어 원문 출처: 조재민, 김승기, 민보라, 정현진, 한여정, 김진우. (2017). 커피박으로부터 생리활성물질 생산 증대를 위한 열수추출 공정 개발. Korean

Chemical Engineering Research(HWAHAK KONGHAK), 55(3), 358-362.)

원문 | "커피박은 단백질 10%, 조섬유 23%, 조지방 6% 정도의 영양 성분을 가져 가축 사료 등으로 활용이 가능하나 쓴맛의 원인이 되는 tannin성분이 다량 함유되어 기호성이 떨어지고 소화가 어려운 리그노 셀룰로오스 조직으로 구성되어 사료로 사용에 부적당하여 대부분 폐기되고 있는 실정이다."

DeepL | "Coffee beans have a nutritional content of about 10% protein, 23% crude fiber, and 6% crude fat, which can be used as livestock feed, but they are mostly discarded because they are composed of lignocellulosic tissue that is inedible and difficult to digest due to the high amount of tannins that cause bitterness."

Claude | "Coffee grounds contain approximately 10% protein, 23% crude fiber, and 6% crude fat, making them potentially usable as livestock feed. However, they contain large amounts of tannin components that cause bitter taste, resulting in poor palatability, and are composed of lignocellulosic tissue that is difficult to digest, making them unsuitable for use as feed and leading to most being discarded."

ChatGPT | "Spent coffee grounds contain approximately 10% protein, 23% crude fiber, and 6% crude fat, making them potentially useful as livestock feed. However, due to the high content of tannins—which cause bitterness—and their lignocellulosic structure that is difficult to digest, palatability is low and they are generally unsuitable for feed use, resulting in most of them being discarded."

6. 다음은 특허 명세서 상의 한 문장이다. 한글 원문이 어떤 문법적인 오류가 있는지 찾아보자. 가장 좋은 AI 번역문을 찾아보고, 그 이유를 설명해 보자. 한국어 원문을 간결하게 수정하여, AI 번역문을 다시 구해 보고, 이를 원래의 번역문과 비교해 보자.

원문 | 본 발명에 따른 약제학적 복합제제는 약제학적 첨가제를 층분리 방지제로 사용하고 과립의 입도조절을 통해 세 가지 유효성분의 특성과 각 층의 과립물성에 의해 제조과정 또는 보관과정에서 층분리 현상과 함량균일성 문제와 같은 품질 저하 문제를 개선할 수 있는 약제학적 복합제제를 제공한다.

3. 기타 수정 사항(Others)

1) C1 - 문서 유형별 편집 규칙

문서 유형별 편집 규칙은 논문, 특허 명세서 등에 맞게 포스트에디터가 적용해야 하는 규칙을 말한다. 이 규칙들은 해당 유형의 문서를 읽는 독자들이 일반적으로 알고 있는 것일 수도 있고, 의뢰인이 특별히 요구하는 것일 수도 있다.

예를 들어 과학 분야의 논문이라면 일반적으로 이런 것들이 있을 수 있다(학술지의 스타일 가이드 또는 'Author Guidelines'마다 다를 수 있다).

- 초록 다음에 키워드를 제시할 때, 약어를 풀어 쓴 형태를 사용하고, 알파벳 순서로 정렬하고, 소문자를 사용한다.
- '실험(Experimental)' 섹션에서 실험을 실시한 과정을 설명할 때는 주로 과거 시제를 사용한다.
- '영국 영어' 또는 '미국 영어'로 철자를 통일하고, 이 둘을 혼용하지 않는다.
- APA, IEEE, Vancouver, Chicago 등의 참고 문헌 인용 스타일을 준수한다.

물론 학술지마다 스타일 가이드가 있어서, 그에 맞게 작성하면 좋다. 과학기술 분야에서는 대표적으로 ACS (American Chemical Society), CSE (Council of Science Editors), AIP (American Institute of Physics), IEEE (Institute of Electrical and Electronics Engineers)의 스타일 가이드가 있다. 참조 문헌을 다는 방식도 APA 스타일, Chicago 스타일 등이 있어, 그 형식

에 맞추어야 한다. (참고 문헌을 다는 것은 일반적으로 번역자나 포스트에디터의 일이 아니지만, 의뢰인이 요구한다면 거절하기도 어렵다. 참고로 한국과학기술정보연구원(KISTI)의 사이언스온(Scienceon) 사이트에서는 한국어로 작성된 논문을 국제 학술지에서 참조 문헌으로 사용할 때 쉽게 인용할 수 있도록 영문으로 바꿔주는 기능을 제공한다. 클릭 한 번이면, APA, Havard, IEEE, MLA, Vancouver 및 Chicago 스타일로 인용할 수 있다. 투고하는 학술지에서 요구하는 스타일을 골라 사용하면 된다.)

의뢰인이나 번역 업체가 지정하는 편집 규칙의 예로는 다음과 같은 것들이 있을 수 있다.

- 문장 간에 빈칸은 두 칸으로 한다(double-spaced).
- 논문에서 저자들을 가리킬 때 "we"를 사용하지 않는다, 또는 적극적으로 사용한다.
- '화학식'은 'Formula'라고 한다. '(화학) 반응식'은 'Scheme'이라고 한다.
- 특허 명세서에서 도면 설명의 번역에는 대문자만 사용한다.
- 특허 명세서에서 소제목이 바뀔 때마다 처음 등장하는 약어를 풀어 쓰고 괄호 안에 약어를 표기한다.
- 특허 명세서에서 청구항 번호를 매길 때는 '자동 넘버링' 기능을 사용하지 않는다.
- 특허 명세서에서 삽입된 도면을 참조할 때 '도 1a'는 'FIG. 1A'로 표기한다.
- 특허 명세서에서 뉴클레오타이드나 아미노산 서열의 서열 번호를 참조할 때 '서열 번호 12'는 'SEQ ID NO: 12'로 표기한다.

의뢰인마다 원하는 규칙들이 다르기 때문에, 포스트에디터는 의뢰인이 제시하는 규칙을 매번 확인하고 조심스럽게 따르는 것이 좋다. 그러나,

번역 산업의 관행상 많은 의뢰인들은 자신들이 원하는 규칙들을 미리 알려주지 않는다. 다시 말해 '번역 브리프'를 제공하지 않고, '알잘딱깔센'을 요구한다.[27] 따라서, 포스트에디터는 일반적인 규칙들을 적용해서 번역한 후, 원 저자의 특별한 주의가 필요한 부분은 메모로 남겨 놓는 것이 좋다.

연습 문제

1. "Oxford comma" 무엇인지 설명해 보자. IEEE 스타일 가이드에서는 "Oxford comma"의 사용을 요구하는가? "Oxford comma"를 사용할 때 어떤 장점이 있는가? AI에게 "Oxford comma"를 사용할 때 어떤 의미의 차이가 발생하는지 그림을 그려달라고 요청해 보자.
2. IEEE 스타일 가이드에서는 스페링과 관련하여 영국 영어를 원칙으로 하는가, 아니면 미국 영어를 원칙으로 하는가? IEEE 스타일 가이드에서 스페링의 표준으로 삼는 영어 사전은 무엇인가? IEEE 스타일 가이드에서 주의해야 할 영국/미국 영어 스페링으로 제시하는 예는 무엇인가?
3. IEEE 스타일 가이드에서는 마침표를 따옴표(인용부호) 안에 넣으라고 하는가 아니면 밖에 두라고 하는가?
4. IEEE 스타일 가이드에 따르면, 여러 형용사가 연속으로 나올 경우 이를 어떻게 기재해야 하는가? (예를 들어, "a planar equiangular spiral antenna")
5. 도 1a와 도 1b를 참조하는 방법과 관련하여, IEEE 스타일 가이드와 특허 명세서 사이에 어떤 차이가 있는가?

27 나무위키 '알잘딱깔센'

2) C2 - 단위, 식 등의 기호 표기 수정 사항

과학기술 분야 번역에서는 화학식, 수식, 첨자, 수학식, 수치의 과학적 표기법, 단위의 표기 규칙을 잘 따르는 것이 매우 중요하다. 생산된 문서의 내용이 아무리 정확해도 이러한 형식상의 오류는 전문성의 결여로 비칠 수 있기 때문이다. 포스트에디터에게도 이러한 표기 오류를 번역문에 남겨 놓는 것은 심각한 일일 수 있는데, 의뢰인은 포스트에디터가 해당 과학 기술 분야에 어느 정도의 지식을 가지고 있을 것으로 기대하고 있을 것이기 때문이다. 번역하는 단어의 수나 페이지 수로 번역료를 지불받는 포스트에디터로서는 이러한 사소한 편집 과정에 드는 수고가 달갑지 않을 수 있지만, 장기적인 관점에서 자신의 전문성을 지킨다는 생각으로 정성 들여 편집하는 것이 좋다.

(1) 첨자(위 첨자/아래 첨자)

원문 메틸마그네슘 브로마이드(CH3MgBr)는 그리냐르 시약으로, 매우 강한 친핵체이다. 이 시약의 메틸기(CH3-) 탄소가 벤즈알데하이드(C6H5CHO)의 카보닐 탄소(C=O)를 공격한다. 카보닐기의 이중 결합이 끊기며, 사면체형 알콕사이드 중간체(C6H5CH(O-)CH3)가 형성된다. 이때 MgBr+는 O-에 결합되어 있다.

Google | Methylmagnesium bromide (CH3MgBr) is a Grignard reagent and is a very strong nucleophile. The methyl group (CH3-) carbon of this reagent attacks the carbonyl carbon (C=O) of benzaldehyde (C6H5CHO). The double bond of the carbonyl group is broken, and a tetrahedral alkoxide intermediate (C6H5CH(O−)CH3) is formed. In this case, MgBr+ is bonded to O−.

Perplexity | Methylmagnesium bromide (CH_3MgBr) is a Grignard reagent and is a very strong nucleophile. The methyl group (CH_3-) carbon of this reagent attacks the carbonyl carbon (C=O) of benzaldehyde (C_6H_5CHO). The double bond of the carbonyl group is broken, forming a tetrahedral alkoxide intermediate ($C_6H_5CH(O^-)CH_3$). At this stage, $MgBr^+$ is coordinated to the O^-.

일단 한국어 원문에 위 첨자와 아래 첨자 표기가 모두 틀렸다. 한국어 원저자들이 정확하게 표기해 주면 좋겠지만, 그렇지 않은 저자들도 많다는 것을 보여주려고 표기가 일부러 틀린 원문을 가져왔다. (웹사이트에서 정보를 긁어 오거나, 문서 편집 프로그램을 옮겨 다니다가 원저자도 첨자 표기를 잃어버리는 경우도 있고, 그저 귀찮아서 정확하게 표기하지 않은 경우도 있다. 혹은 AI 번역문을 제공하는 번역 업체가 AI 번역기에 입력하면서 첨자 표기를 잃어버렸을 수도 있고, 엑셀 등의 프로그램으로 옮겨 붙이다가 잃어버렸을 수도 있다.) Google은 이 틀린 표기를 순순히 받아들여 틀리게 표기했고, Perplexity는 대부분 바르게 고쳤지만, 'methyl group (CH_3-)'은 'methyl group (CH_3-)'로 고쳐야 한다. 원자의 수를 나타내는 숫자는 아래 첨자가 되어야 하고, 이온의 극성을 나타내는 (+)와 (-)는 위 첨자가 되어야 한다. 이 외에도 화학식을 쓸 때 적용되는 첨자 표기 규칙이 많이 있다. 확실치 않을 때는 역시 검색이나 AI를 사용하여 확인하자.

(2) 수치의 과학적 표기법

표준 십진법으로 나타내기에는 너무 크거나 너무 작은 숫자를 편리하게 제시하는 방법이다. $m \times 10^n$의 형식으로, 소수점 앞에 숫자 하나 m, 그리고 10의 지수 n을 이용해서 표기한다. 유명한 수 하나를 사용한 잘못된 한국어 원문의 예를 들어 보겠다.

> **원문** 무차원 수인 6.02214076×1023을 아보가드로 수(영어: Avogadro number)라고 한다. 입자수 N, 물질량 n, 아보가드로 상수 NA에 대하여 N=nNA가 성립한다.
>
> **Google |** The dimensionless number 6.02214076×1023 is called Avogadro's number. For the number of particles N, the amount of matter n, and Avogadro's constant NA, N=nNA is established.
>
> **Grok |** The dimensionless number $6.02214076 \times 10^{23}$ is called Avogadro's number. For the number of particles N, the amount of substance n, and Avogadro's constant N_a, the relationship $N = nN_a$ holds.

Grok은 과학적 표기법을 잘 사용하여 '23'을 지수로 표현했다. 그리고 'Na'에서도 'a'를 아래 첨자로 잘 처리해 주었다. 하지만 한국어 원문에 명확하게 표기된 대문자 'A'를 'a'로 바꾸는 실수를 범했다. ('A'vogadro가 싫어할 것이다.) 포스트에디터에게 관건은 Google 번역처럼 '6.02214076×1023'로 잘못 표기되었을 때, 이 수정 사항을 간파할 것인가이다. 소수점이 있고 곱하기 기호가 있다면 그 뒤에 나오는 10을 주의해야 한다. 그리고 아보가드로 수처럼 유명한 수가 아니라면, 그래서 AI가 학습한 내용이 아니라면, AI가 과학적 표기법으로 인지하지 못할 수도 있다는 것이다. 과학 기술 번역문 포스트에디터는 이러한 유형의 표기 오류가 있을 수 있음을 항상 염두에 두어야 한다.

(3) 대문자/소문자(capitalization) 수정 사항

(앞서 아보가드로의 'A'에서처럼.) 포스트에디터의 관심 사항이 되는 대문자는 주로 고유 명사 첫 글자이다. 다음 예를 살펴보자.

원문 좌제의 기제로는 위텝솔(witepsol), 마크로골, 트윈(tween) 61, 카카오지, 라우린지, 글리세로 제라틴 등이 사용될 수 있다.

Google | Suppository bases that can be used include witepsol, macrogol, Tween 61, cocoa butter, laurin butter, and glycerogelatin.

Perplexity | As the base for suppositories, ingredients such as witepsol, macrogol, Tween 61, cocoa butter, laurinium, and glycerinated gelatin can be used.

Grok | As the base for suppositories, witepsol, macrogol, Tween 61, cocoa butter, laurin, glycerogelatin, and the like can be used.

한국어 원문의 괄호 속 영문 표기가 대문자이든 소문자이든, 세 AI 번역기 모두 트윈 61은 첫 글자를 대문자로 하여 'Tween 61'로 표기했다. 위텝솔과 마크로골도 상대적으로 덜 익숙한 이름이니, 세심한 포스트에디터라면 대문자 표기가 필요한지 의심해 보아야 한다. 대문자 표기가 문제일 때 가장 간편한 방법은 역시 AI에 물어 보는 것이다.

프롬프트 witepsol은 고유명사야?

ChatGPT | 네, **Witepsol**은 **고유명사**입니다.

☑ 정확한 정의

Witepsol은 독일의 **Sasol GmbH**(또는 과거의 Hüls AG)에서 개발한 **지방산 글리세라이드 기반의 좌약용 기지(suppository base)** 브랜드 이름입니다.

- **상표명(Brand name)**이기 때문에 **고유명사**로 취급되며, 일반적으로 **첫 글자를 대문자(W)**로 씁니다.

하지만, 마크로골의 경우는 조금 다르다.

프롬프트 '마크로골'은 고유 명사야?

ChatGPT | '마크로골'은 **고유 명사일 수도 있고, 아닐 수도** 있습니다. 맥락에 따라 다릅니다:

1. 일반 명사로 사용될 때

- **마크로골(Macrogol)**은 **폴리에틸렌글리콜(PEG)**의 다른 이름으로, **완하제나 약물 전달 보조제로 쓰이는 화학물질**입니다.
- 이 경우에는 일반적인 **물질명(성분명)**이므로 고유 명사가 아닙니다.

  예 마크로골은 변비 치료제로 자주 사용된다.

  → 이때는 **일반 명사**입니다.

2. 제품명 또는 상표명으로 사용될 때

- 어떤 특정 회사에서 **제품 이름**으로 '마크로골'을 썼다면, **고유 명사**로 간주될 수 있습니다.

  예 '마크로골정 3350'이라는 제품은 ㅇㅇ제약의 상품명이다.

  → 이 경우는 **고유 명사**입니다.

👉 요약

- **성분명**으로 쓰이면: ❌ 고유 명사 아님 (일반 명사)
- **상표명/제품명**으로 쓰이면: ✅ 고유 명사일 수 있음

이럴 땐, 더블 체크하는 것이 좋다. AI 엔진을 바꾸기도 하고, 프롬프트의 언어도 바꾸어 보면 좋다.

프롬프트 Is 'macrogol' a proper name?

Perplexity | Macrogol is not a proper name (i.e., not a proper noun or trademark) but rather the International Nonproprietary Name (INN) for polyethylene glycol (PEG) when used as a medication ingredient. INNs are standardized generic names used internationally for pharmaceutical substances, not unique or proprietary to any single company or product.

Macrogol is typically followed by a number indicating the average molecular weight (e.g., macrogol 3350, macrogol 4000), further emphasizing its generic and descriptive use.

'macrogol 3350'에 대해, ChatGPT는 이렇게 사용되는 경우 '마크로골'이 고유 명사일 수 있다고 했지만, Perplexity는 오히려 이런 식으로 사용될 때 일반 명사임이 확인된다고 한다. 포스트에디터는 자신의 판단력을 적절히 사용할 수 있겠다.

추천 번역문 | As a base for suppositories, Witepsol, macrogol, Tween 61, cacao oil, laurel oil, glycerol, gelatin, or the like may be used.

(4) 기울림꼴(Italic) 수정 사항

기본 원칙은 원문에 기울림꼴로 표기되어 있는 부분은 포스트에디팅 결과물에서도 기울림꼴로 표기되어야 한다는 것이다. 과학 기술 텍스트에서 일반적으로 기울림꼴로 표기되는 단어들은 생물의 과학적 명명법 및 라틴어법과 관련이 있다. 아래, 5번과 6번 항목을 참고하자.

참고로, 참조 문헌을 인용할 때, 인용 스타일에 따라 학술지 명칭이나 책 제목을 기울림꼴로 표기하는 규칙도 있음을 유의해야 한다. 예를 들어, "Smith, J. (2020). *Psychology Today*, *25*(4), 12-34." 또는 "Smith, John. *Understanding Psychology*. Penguin, 2020."와 같은 기울림꼴 사용을 염두에 두자.

(5) 생물학 학명

과학 기술 텍스트에서 과학적 명명법 (scientific nomenclature)은 동물과 식물의 종에 고유한 명칭을 부여하는 체계이다. 린네 분류법(Linnaean classification)으로 알려져 있는 이 명명법은 주로 두 개의 라틴어 단어(binomial nomenclature)를 이른바 '학명'에 사용하는데, 인간이라면 반드시 알아야 할 학명의 예는 *Homo sapiens* 이다. 앞의 *Homo*는 생물 분류 체계 상 속(genus), 뒤의 *sapiens*는 종(species)을 나타낸다. 두 단어 모두 기울림꼴로 표기하지만, 첫 단어의 첫 글자는 대문자로 표기함에 유의해야 한다.

하지만, 더 복잡한 이름과 조우하는 경우도 있다. 예를 들어 일본산벚나무를 *Prunus jamasakura var. chikusiensis* (Koidz.) Ohwi으로 쓰기도 하는데, Prunus jamasakura는 이명법에 따라 일본산벚나무의 속과 종을 나타내며(그래서 기울림꼴로 쓴다), var. *chikusiensis*는 변종을 나타내며(var.는 기울림꼴이 아니고 그 뒤 이름은 기울림꼴로 쓴다), (Koidz.) Ohwi에서 괄호 안의 "Koidz."는 처음 이 분류군을 명명한 학자(Gen-ichi Koidzumi)를 나타내고, 괄호 밖의 "Ohwi"는 이 변종을 현재의 학명 체계로 재조정한 학자(Ohwi)를 의미하는데, 이 부분은 기울림꼴로 쓰지 않는다.

복잡해 보이지만, 포스트에디터는 기울림꼴로 표기하는 부분과 그렇지 않은 부분이 있다는 것을 기억하고, 등장할 때마다 잘 검색해서 수정하도록 하자.

(6) 라틴어법

앞의 생물학 학명과 같이, 과학 기술 텍스트에서 라틴어 표현들을 종종 마주치게 된다. 라틴어의 표현들을 가져다 쓰는 이유는 (젠 체하는 것도 있겠지만), 과학이 발전하던 시기에 라틴어가 국제 과학 공동체에서 세계어(링구아 프랑카)였던 전통이 아직 남아 있기 때문일 것이다. 그리고, 라틴어가 죽은 언어(사어)라 시간이 지나도 의미가 바뀌지 않기 때문이기도 하다.

포스트에디터에게 중요한 점은 '*in vitro*,' '*in vivo*,' '*in situ*,' '*in silico*'

및 '*per se*'와 같이 자주 사용되는 어구들의 의미를 알고 있어야 한다는 것, 그리고 이 표현들이 일반적으로 기울림꼴로 표기된다는 것이다.

(7) 단위

물리량 단위 자체를 번역할 일은 없겠지만, 포스트에디터에게 주어지는 AI 번역문 상의 단위는 표기상의 오류를 포함하고 있을 수 있다. 예를 들어, 대문자와 소문자, 위 첨자와 아래 첨자 등의 오류이다. 그리고, 물리량에 해당되는 숫자와 단위는 한 칸 띄어쓰기 한다. 따라서, '1kg'이 아니고 '1 kg'이 맞다. 온도의 경우는 붙여쓰기 하는 것이 허용되기도 한다. 즉, '40 ℃'와 '40℃'이 모두 허용될 수 있으나, 역시 의뢰인의 요구 사항이 있다면 그에 따르는 것이 좋겠다. (참고로, '75%'에서 처럼 백분율(%)은 붙여 쓴다.

연습 문제 1

다음은 에너지 량인 1 J ('1 joule')을 다른 단위로 표현한 것이다. 단위 표기가 틀린 것이 있다면 고쳐 보자.

- $6.24150974 \times 10^{18}$ EV
- 0.2390 cal
- 2.3901×10^{-4} kCal
- 9.4782×10^{-4} BTU
- 0.7376 ft · LBf
- 23.7 ft · pdl
- 2.7778×10^{-7} kw · h
- 2.7778×10^{-4} W · h

연습 문제 2

다음 생물이 무엇인지 찾아보고, 학명에 틀린 것이 있다면 수정해 보자.

- *Fragaria × ananassa*
- *Hovenia dulcis thunb*
- *Hydrochoerus Hydrochaeris*
- *Escherichia coli O157:H7*
- *Rosa longicuspis* var. sinowilsonii (Hemsl.) T.T.Yu & T.C.Ku
- Mola mola

연습 문제 3

다음 물리 상수들의 단위 표기가 틀린 것이 있다면 수정해 보자.

- 기체 상수 8.314 J · K−1 · mol−1
- 중력 상수 6.674 × 1011 m3 · kg · s^{-2}
- 이상 기체의 몰 부피 22.7 L · M^{-1}
- 표준 중력 가속도 9.8 km · s^{-2}
- 기본 전하 1.6 × 10^{-19}c

3) C3 - 그림을 참조하는 것이 필요한 사항

한국어와 비교했을 때, 영어는 다양한 전치사를 통해 위치 관계를 좀 더 세밀하게 표현할 수 있는 여지가 있다. 하지만 포스트에디터는 다양한 전치사 중 제일 적합한 것을 골라야 하는 어려움이 있다. 특히, 단순히 한국어 문장만으로는 적합한 영어 전치사를 결정하기 힘든 경우가 많으므로, 과학 기술 분야 포스트에디터는 관련된 그림을 자주 참조하는 습관을 길러야 한다.

냉각부는 프로세서 상에 장착하여 과열을 방지한다.

"The cooling unit is mounted __ the processor to prevent overheating."

'무엇 무엇 상에'는 여러 가지 영어 전치사로 번역될 수 있다(on, above, over 등). 무엇이 가장 적합한지는 냉각부와 프로세서를 보여주는 그림을 보아야만 결정할 수 있다. Grok에게 사연을 설명하고 관련 그림을 그려 달라고 했더니 다음과 같은 그림을 그려준다.

도면을 확인하면 적절한 전치사를 결정할 수 있을 것이다.

참고로, 특허 명세서에서는 '~상에'라는 표현과 관련하여 다음과 같은 관용 문구를 삽입하기도 한다. "본 명세서 전체에서, 어떤 층 또는 부재가 다른 층 또는 부재와 "상에" 위치하고 있다고 할 때, 이는 어떤 층 또는 부재가 다른 층 또는 부재에 접해 있는 경우뿐 아니라 두 층 또는 두 부재 사이에 또 다른 층 또는 또 다른 부재가 존재하는 경우도 포함한다." 위의 문장을 가져와서 생각해 보면, 심지어 냉각부와 프로세서 사이에 다른 부품이 (예를 들어, 온도 센서부가) 위치해 있다해도, 여전히 냉각부가 프로세서 상에 있는 것으로 표현할 수 있다는 의미이다. 부지런히 제공된 도면을 참조하는 습관을 길러야 할 또 다른 이유가 된다.

그림을 참조할 필요가 있는 또 다른 경우는 단수와 복수의 구분과 관련이 있다. 한국어보다 영어가 '수'의 구분에 더 민감하므로, 단순히 단수로 표현된 한국어 원문이 AI 영어 번역문에서는 복수로 표현될 수도 있다. 가능한 경우라면, 그리고 필요한 경우라면 그림을 참조하여 단수와 복수를 결정하면 좋다. 예를 들어, '도1은 본 연구에서 합성한 입자의 크기 분포를 첨가제의 함량에 따라 보여주는 그래프이다'라는 원문이 있을 때, 합성한 입자는 (일반적으로 수가 매우 많을 것이니) 복수로 표현하는 것이 타당할 것이지만, 첨가제는 한 가지인지 여러 가지인지 문맥에 따라 파악해야 할 것이다. 함량은 여러 가지 단위로, 여러 가지 양을 기준으로 표현할 수 있을 것이다. 그러한 그 함량에 따른 입자 크기 분포를 보여주는 그래프가 하나인지 여러 개인지는 도1을 보고나서 판단해야 한다. 여러 분포를 하나의 그래프에 모두 넣어서 보여주는 경우라면 그래프를 단수로 표현해야 할 것이다. 첨가제 함량마다 입자 크기 분포를 그래프들을 따로 그려서 보여준다면, 복수의 그래프들이 그려져 있을 것이다. 아마도 도1A부터 도1C까지 별도의 도면 번호들이 붙은 그래프들이 문서에 삽입되어 있을 수 있다.

만약 포스트에디터에게 도면이 제공되지 않았다면 어떻게 해야 할까?

친절한 포스트에디터라면 문서의 다른 부분을 참조하고, 참고 자료를 최대한 활용하여 최적의 전치사를 추론해야 할 것이다. 문서의 다른 부분에 힌트가 없다면 역시 다양한 전치사가 적용될 수 있음을 메모를 통해 지적하고, 이를 의뢰인에게 전달하도록 하자.

4) C4 - 번역을 하지 말아야 할 때(권위 있는 번역문이 있는 경우)

어떤 알려져 있는 텍스트의 권위 있는 번역문(정본 번역문, 공인 번역문 등)이 있다면, 포스트에디터는 AI 번역문을 수정할 것이 아니라, 권위 있는 번역문을 찾아내서 그대로 적용하기 위한 노력을 기울여야 한다. 기술 텍스트는 관련 문서, 기술 표준, 법령, 단체 또는 정부 기관과 같은 것들을 꽤 자주 참조할 것인데, 이러한 번역문이 있다면 이를 찾아 그대로 적용해야 한다.

(1) 대표적인 예는 한국법제연구원의 대한민국 영문법령(https://elaw.klri.re.kr/)이다.

원문 정부는 연구실사고를 예방하고 안전한 연구환경을 조성하기 위하여 5년마다 연구실 안전환경 조성 기본계획(이하 "기본계획"이라 한다)을 수립·시행하여야 한다.

Google | In order to prevent laboratory accidents and create a safe research environment, the government must establish and implement a basic plan for creating a laboratory safety environment (hereinafter referred to as the "basic plan") every five years.

✳ **Claude |** "The government shall establish and implement a basic plan for creating a safe research environment (hereinafter referred to as the "basic plan") every five years to prevent laboratory accidents and create a safe research environment."

ChatGPT | "The government shall establish and implement a Basic Plan for Creating a Safe Research Environment (hereinafter referred to as the 'Basic Plan') every five years in order to prevent laboratory accidents and create a safe research environment."

AI 번역문이 모두 나쁘지 않지만, 문제는 이 한국어 원문이 "연구실 안전환경 조성에 관한 법률" 제6조 1항을 그대로 가져온 것이라는 점이다. 그리고 한국법제연구원의 대한민국 영문법령에서 '권위 있는 번역문'을 찾을 수 있다.

대한민국 영문법령에 제시된 "연구실 안전환경 조성에 관한 법률" 제6조 1항의 영문 번역문 | Every five years, the Government shall formulate and execute a master plan to create a safe laboratory environment (hereinafter referred to as "master plan") to prevent accidents and to create a safe research environment in laboratories.

이 권위 있는 번역문은 '기본계획'을 'master plan'으로 번역했음을 알 수 있다. 포스트에디터는 이러한 번역문을 찾아서 AI 번역문을 수정해야 한다.

(2) 다국어로 웹사이트 정보를 제공하는 기업들은 공식 번역문을 제공하므로, 이를 확인하는 노력이 필요하다. 구글의 예를 들어보자.

원문 구글은 새로운 AI 영화 제작 툴 '플로우(Flow)'를 공개하면서, 이 툴이 "시간이 정지된 듯한 몰입의 순간에 창작이 자연스럽고 반복적이며 무한한 가능성으로 가득 찬 느낌에 영감을 받아 탄생했다" 고 밝혔다.

Google | Google has unveiled a new AI filmmaking tool called Flow, which it says is "inspired by the feeling of being in an immersive moment where time seems to stand still and creation is natural, iterative, and full of infinite possibilities."

ChatGPT | Google unveiled its new AI film production tool, 'Flow', stating that the tool was inspired by 'a moment of immersion where time feels frozen, and creativity flows naturally, repetitively, and is filled with infinite possibilities.'

Perplexity | Google unveiled its new AI filmmaking tool, 'Flow,' explaining that the tool was inspired by the feeling of creation that arises in immersive moments where time seems to stand still—moments that are natural, iterative, and filled with endless possibilities.

AI 번역문이 모두 쓸만하지만, 원문 상의 '인용 부분'에 해당하는 '권위 있는 번역문'이 존재할 수 있음을 알아채면 좋겠다. 해당 내용은 구글코리아 블로그의 '[I/O 2025] 비오 3 기반 AI 영화 제작 툴 '플로우(Flow)'를 공개합니다'에 나오는 부분이며, 따라서 구글의 공식 영어 원문이 있다.

(Meet Flow: AI-powered filmmaking with Veo 3)

"Flow is inspired by what it feels like when time slows down and creation is effortless, iterative and full of possibility."

> **What's possible with Flow**
>
> Flow is inspired by what it feels like when time slows down and creation is effortless, iterative and full of possibility. It's custom-designed for Veo, Google's state-of-the-art generative video model, with exceptional prompt adherence and stunning cinematic outputs that excel at physics and realism. Behind the scenes, Gemini models make prompting intuitive, so you can describe your vision in everyday language. You can bring your own assets to create characters, or use Flow to make your own ingredients with Imagen's text-to-image capabilities.

출처: https://blog.google/technology/ai/google-flow-veo-ai-filmmaking-tool/

혹시 번역 의뢰인이 이러한 노력을 몰라 줄 수도 있으므로, 권위 있는 번역문을 인용할 때에는 인용문의 출처를 문서 파일 내 메모 등을 통해서 알려주자.

(3) 외교부 「조약 정보 홈페이지」(https://treatyweb.mofa.go.kr)

원문 한국과 미국은 양국 간의 우주기술협력협정에서 "피보호 우주 활동"을 발사체 또는 수송체 활동 및 지구상, 외기권 내 또는 지구와 외기권 사이를 통과하는 탑재체 활동을 포함하도록 광범위하게 정의하였다.

ChatGPT | South Korea and the United States broadly defined 'protected space activities' in their bilateral space technology cooperation agreement to include launch or transportation vehicle activities, as well as payload activities conducted on Earth, in outer space, or in transit between Earth and outer space.

Claude | Korea and the United States have broadly defined 'protected space activities' in their bilateral space technology cooperation agreement to include launch vehicle or transport vehicle activities and payload activities on Earth, in outer space, or passing between Earth and outer space.

Perplexity | Korea and the United States have broadly defined "protected space activities" in the bilateral agreement on space technology cooperation to encompass activities involving launch vehicles or transport vehicles, as well as payload activities conducted on Earth, within the outer atmosphere, or during transit between the Earth and the outer atmosphere.

포스트에디터는 '한국과 미국은 양국 간의 우주기술협력협정에서'라는 원문 내용에서 그러한 공식적인 협정이 있다는 사실을 인지하면서 동시에 공식적인 번역문(양자 협정이므로 사실상 조문 작성에 사용된 영어 원문)이 존재할 것임을 알 수 있다. 간단히 검색해 보면 '한-미국 우주기술협력협정'을 찾을 수 있다. 외교부 「조약 정보 홈페이지」(https://treatyweb.mofa.go.kr)에 가면 "(조약 제2316호) 한-미국 우주기술협력협정(대한민국 정부와 미합중국 정부 간의 민간과 평화적 목적의 항공 및 대기권과 외기권의 탐사와 이용에서의 협력을 위한 기본협정)"을 찾을 수 있고, 제2조 4항에 "피보호 우주 활동"의 정의가 나옴을 알 수 있다.

제2조 4항 내 해당 원문 "피보호 우주 활동"이란 이 협정 또는 이에 따라

체결된 이행 약정에 따라 수행되는 모든 활동을 말하며, 이 협정의 이행을 위한 발사체 또는 수송체 활동 및 지구상, 외기권 내 또는 지구와 외기권 사이를 통과하는 탑재체 활동을 포함한다.

영어 | The term "Protected Space Operations" means all activities conducted pursuant to this Agreement, or any Implementing Arrangement concluded hereunder, including Launch Vehicle or Transfer Vehicle activities, and Payload activities on Earth, in outer space, or in transit between Earth and outer space, in implementation of this Agreement.

위의 AI 번역문들이 모두 쓸만하지만, '우주 활동'이 (아마 대부분의 번역자가 먼저 그렇게 떠올렸듯이) 'space activities'로 번역되어 있다. 하지만, 권위 있는 번역문은 'space operations'라는 용어로 정의했음을 알 수 있다. 그리고 Perplexity는 '외기권'을 'outer atmosphere'라고 번역했지만, 권위 있는 번역문은 'outer space'을 선택했다.

위의 예시들에서 볼 수 있듯이, 포스트에디터는 권위 있는 번역문이 존재할 수 있다는 점을 알아채는 능력이 있어야 하며, 그 번역문을 찾기 위해 기꺼이 노력을 기울여야 한다. AI 번역문에 제시된 용어와 표현을 약간 수정하는 정도로만 포스트에디팅 작업을 수행한다면, 그 분야 전문가들은 금방 그 차이를 알아챌 것이고, 포스트에디터의 전문성에 의문을 제기할 것이다. 포스트에디터는 자신이 참조한 권위 있는 번역문의 출처를 문서 내 메모 형식으로 명시함으로써, 의뢰인이 이를 인지할 수 있도록 하자. 의뢰인은 포스트에디터의 노력에 만족해할 것이고, 아마 다음에 또 다른 업무 의뢰로 찾아올 것이다. AI 번역문을 애써 수정하는 포스터에디터보다 권위 있는 번역문을 어렵게라도 찾아서 그대로 인용해 주는 포스터에디터가 더 훌륭하고 할 수 있다.

AI 번역이 조금 더 발달하면 '번역하지 말아야 할 때'를 스스로 인지하여, 권위 있는 번역문을 찾아서 그대로 반영할 수 있을 것으로 보인다. 그때가 되면, AI가 스스로 검색하고 참조한 권위 있는 번역문의 출처를 제시하기도 할 것이다. 그러면, 포스트에디터의 역할은 그 출처를 확인하고, 번역문과 대조하여, 수정문을 제시하는 일이 될 것으로 보인다.

연습 문제 1

다음은 '몰'이라는 기본 단위에 대한 설명이다. 권위 있는 번역문의 찾아 그 출처를 제시하고, 아래 AI 번역문과 비교해보자.

원문 국제 단위계에 따르면, 몰(기호: mol)은 물질량의 SI 단위이다. 1 몰은 정확히 6.022 140 76 × 10^{23}개의 구성요소를 포함한다. 이 숫자는 mol^{-1} 단위로 표현된 아보가드로 상수 N_A의 고정된 수치로서 아보가드로 수라고 부른다. 어떤 계의 물질량(기호: n)은 명시된 구성 요소의 수를 나타내는 척도이다. 구성 요소란 원자, 분자, 이온, 전자, 그 외의 입자 또는 명시된 입자들의 집합체가 될 수 있다.

ChatGPT | "According to the 9th edition of the International System of Units (SI), the mole (symbol: mol) is the SI unit of amount of substance. One mole contains exactly 6.022 140 76 × 10^{23} elementary entities. This number is the fixed numerical value of the Avogadro constant, N_a, expressed in the unit mol^{-1}, and is referred to as the Avogadro number. The amount of substance (symbol: n)

of a system is a measure of the number of specified elementary entities. These entities may be atoms, molecules, ions, electrons, or other particles, or specified groups of such particles."

연습 문제 2

다음은 2025년 5월 18일 자 경향신문 기사(젠슨 황 "엔비디아 AI 칩, 중국으로 우회 수출된 증거 없어") 의 일부이다 (https://www.khan.co.kr/article/202505181424001). '차세대 AI 가속기인 그레이스 블랙웰 시스템은 무게가 거의 2t이 나가기 때문에 당분간 주머니나 배낭에 넣고 다니기는 어려울 것이다'의 원래 영어 발언을 찾아서 출처를 제시하고, 아래 AI 번역문과 비교해서 수정문을 제시해 보자. (참고로, 유료 구독을 요구하는 언론사나 통신사의 경우, 이를 재인용한 기사들이 있는지 확인해 보면 좋을 것이다.)

원문 세계 최대 반도체 기업 엔비디아의 젠슨 황 최고경영자(CEO)가 엔비디아의 최신 인공 지능(AI) 칩이 다른 국가를 우회해 중국으로 유출되고 있다는 증거가 없다고 말했다. 황 CEO는 17일(현지시간) 블룸버그통신 인터뷰에서... "AI 칩이 중국으로 우회 수출됐다는 증거는 없다"며 "차세대 AI 가속기인 그레이스 블랙웰 시스템은 무게가 거의 2t이 나가기 때문에 당분간 주머니나 배낭에 넣고 다니기는 어려울 것"이라고 했다.

Claude | "The Grace Blackwell system, a next-generation AI accelerator, weighs nearly 2 tons, so it will be difficult to carry around in a pocket or backpack for the time being."

Grok | The next-generation AI accelerator, the Grace Blackwell system, weighs nearly 2 tons, so it won't be fitting into your pocket or backpack anytime soon.

연습 문제 3

다음은 과학 대중서의 일부분을 인용하는 문장이다. 'Google 도서'와 같은 사이트를 이용하여 해당 원문을 찾아보고, 아래 AI 번역문과 비교해 보자.

원문 닉 레인은 자신의 저서 <산소: 세상을 만든 분자>의 첫 부분에서, "산소를 뭐라 딱 잘라 이야기하니는 어렵다. 1770년대에 산소가 처음 발견된 이래 사람들은 학자든 돌팔이든 할 것 없이 모두 그 특성과 화학적 성질에 대해 끊임없이 논란을 벌여왔다. 그런 논쟁은 지금까지 이어지고 있다"고 썼다.

ChatGPT | Nick Lane, in the opening of his book *Oxygen: The Molecule that Made the World*, wrote, "It is difficult to pin down exactly what oxygen is. Ever since it was first discovered in the 1770s, people—whether scholars or quacks—have endlessly debated its characteristics and chemical properties. Such debates continue to this day."

Nick Lane wrote in the opening of his book *Oxygen: The Molecule that Made the World*: "It's difficult to make a definitive statement about oxygen. Since oxygen was first discovered in the 1770s, people—whether scholars or quacks—have continuously debated its properties and chemical nature. Such debates continue to this day."

5) C5 - 기타 수정 사항

C5 기타 수정 사항은 단지 포스트에디팅 작업뿐만 아니라 번역 작업 전체에 적용할 수 있는 것들이다. 하지만, 이러한 수정 사항들의 유형을 기억하고 있다면, AI 번역문이 주어질 때 무심코 받아들이는 것이 아니라, 수정의 필요성을 알아챌 수 있을 것이다.

(1) 비, 율, 구성비, 백분율의 문제

초등학교 6학년 수학 시간에 배우는 개념인데, 과학 기술 분야 저자들도 종종 잘못 사용하는 것들이다.

'비'는 'ratio'다. 예를 들어, 'x와 y의 비가 1:2'라면 'x대 y의 비가 1대2'라고 읽거나, 'x와 y의 비가 1대2'라고 읽거나, 'x의 y에 대한 비가 1대2'라고 읽거나, 'y에 대한 x의 비가 1대2'라고 읽는다. 즉, 비교하는 양이 x의 위치에 오고, 기준량이 y의 위치에 온다. 따라서 비는 항상 '몇 대 몇'으로 표시된다.

'율'은 'rate'이다. 특정 시간 동안 어떤 일이 발생하거나 수행된 횟수이다. 더 나아가, 특정 대상 또는 집단에서 어떤 일이 발생한 횟수이다. '율' 자체로는 거의 쓰지 않고, 출산율, 이혼율, 발병률, 사망률과 같이 다른 명사와 조합되어 사용된다. 시간의 개념이 포함되어 있어서, 변화의 속도와 관련이 있다. '비율'이라고도 부르기 때문에 혼동이 생긴다.

구성비는 'proportion'이다. A/(A+B)의 개념이다. 따라서 구성비는 0과 1사이의 값만 갖는다. 만일, (A+B)을 100이라고 하면 백분율 즉 퍼센트(percentage)이다. 전체에서 특성 성분이 차지하는 구성비를 나타내는 것이다.

친숙한 개념이지만, 퍼센트를 사용할 때 조심해야 할 것이 있는데, 바로 퍼센트포인트(%p)이다. 한국은행이 기준 금리를 5%에서 5.5%로 올리면, 0.5%차이가 나는데, 이는 기준 금리 5%의 10%에 해당하는 값이므로 금리는 10%가 오른 것이다. 하지만 금리의 수치 자체는 0.5% 올랐으므로 '0.5%p' 오른 것이다.

모두 어려운 개념이 아니지만, 과학 기술 텍스트에서도 잘못 작성된 경우를 볼 수 있다. AI 번역문이 이러한 실수를 인지하지 못하는 경우가 대부분이므로, 포스트에디터가 이 실수들을 수정해 준다면 원자자가 크게 감사할 것이다.

(2) '각각'의 문제

한국어로 작성된 과학 기술 텍스트에서 '각각'이 흔히 등장하는데, 영어로는 'each,' 그리고 'respectively'로 번역하는 경우들이 있다. 이들은 '각각' 의미가 다르기 때문에 신중히 단어를 선택해야 한다.

> "본 명세서 내에서 d(X)는 다르게는 d(0.X)로도 표현되는데, d(X)와 d(0.X)는 상호교환적으로 사용가능하다. 예를 들어, d(50)은 d(0.5)로도 표현되며, d(10) 및 d(90)은 각각 d(0.1) 및 d(0.9)로도 표현된다."

위 문장에서 '각각'으로 어떤 단어를 선택해야 할까? d(10)은 d(0.1)로 표현되고, d(90)은 d(0.9)된다는 것을 이해한다면, 선택은 쉽다. 이처럼 1대1로 (그리고 문장 상 등장하는 순서대로) 매칭이 되는 경우에는 'respectively'가 맞다.

Perplexity | "In this specification, d(X) may also be expressed as d(0.X), and d(X) and d(0.X) can be used interchangeably. For example, d(50) may also be expressed as d(0.5), and d(10) and d(90) may be expressed as d(0.1) and d(0.9), respectively."

'each'는 여러 개 중의 한 개씩 모두 동일하게 취급하였다는 뜻이다. 예를 들어, '아세트산과 사과산과 개미산 각각을 물에 희석하였다'라는 문장은 앞에 물질이 3개이고 뒤에 나오는 희석 용매가 1개(물)이다. 1대1 매칭이 되지 않으므로 'respectively'는 쓸 수 없다. 하지만 3개를 별도로, 그렇지만 동일하게 '물'이라는 용매로 희석하였으니, 'each'를 쓰면 된다. 이 문장에 따라 작업을 수행하면 (아세트산 + 물) 희석 용액, (사과산 + 물) 희석 용액, (개미산 + 물) 희석 용액, 이렇게 3개의 희석 용액이 나온다는 말이다.

다음 예문을 보자.

원문 "건강한 피시험자를 대상으로 식전 및 식후에 각각 리바록사반을 복용하게 한 후 34시간 이내의 시간 동안 체내 리바록사반 약물 혈중농도를 측정하였다."

Claude | "Rivaroxaban plasma concentrations were measured in healthy subjects within 34 hours after administration of rivaroxaban both before and after meals."

ChatGPT | "In healthy subjects, plasma concentrations of rivaroxaban were measured over a period of up to 34 hours after administration of rivaroxaban under both fasting and fed conditions."

Google | "Rivaroxaban was administered to healthy subjects before and after meals, and the blood concentration of rivaroxaban was measured within 34 hours."

'피험자'나 '약물' 또는 '복용' 같은 용어들이 등장하는 것을 보아, 약물의 임상 시험 상황임을 알 수 있다. 여기서 '식전 및 식후에 각각'은 어떻게 이해해야 할까? 'both before and after meals' 또는 'both fasting and fed conditions'는 어떤 피시험자가 밥 먹기 전에도 리바록사반이라는 약물을 복용하고 밥 먹고 난 후에도 리바록사반을 복용했다는 뜻이다. 그렇게 복용하는 약물이 있는지 모르겠으나, 그렇게 시험을 하면 아무것도 비교할 것이 없다. 피시험자가 건강하다는 사실, 34시간 이내에 측정했다는 사실, 리바록사반을 복용했다는 사실이 모두 동일한 조건을 의미하는데, 약물 복용 시간도 모두 식전 및 식후 2회라면 비교할 차이점이 없다. 포스트에디터는 이점을 간파해야 한다. 한국어 원문이 의미하는 바가 '다른 조건은 다 동일하게 하면서, 피시험자들 중 일부는 식전에 리바록사반이라는 약물을 복용하고, 다른 피시험자들은 식후에 그 약물을 복용하게 함으로써, 어떤 차이가 있는지 알아보았다'라는 의미이다. 따라서 이 경우에는 1대1 매칭이 필요한 'respectively'도 쓸 수 없고, 동일하게 처리했다는 'each'도 쓸 수 없다. 그렇다면 한글 저자는 왜 '각각'이라는 표현을 굳이 넣었을까? 아마 저자는 '각각'이라는 단어를 '일부는 식전에 다른 일부는 식후에 복용하게 함으로써 다르게 처리했다'는 인상을 주고 싶었을 것이다. 하지만 영어 번역문에서는 사실 번역할 필요가 없는 단어이다. 포스트에디터는 '각각'이라는 한국어 단어가 다양한 영어 단어로 잘못 번역될 수 있다는 사실을 기억하고, 수정 사항을 알아채고 적절히 수정하는 노력을 기울여야겠다.

(3) 부사의 위치 문제

다음 두 문장을 비교해 보자. 차이가 무엇인가?

"The processor normally shuts down after 10 minutes of inactivity." "The processor shut down normally after 10 minutes of inactivity."

① "The processor normally shuts down after 10 minutes of inactivity."
(프로세서는 일반적으로 10분 동안 사용하지 않으면 종료된다.)

- 여기서 "normally"는 "shuts down" 앞에 위치하며, 문장이 현재 시제이다. 따라서, 이 문장은 프로세서의 일반적인 작동 방식이나 습관적인 동작을 설명하는 것이다. 즉, 보통은(typically) 사용하지 않으면 10분 뒤 자동으로 꺼지는 것이 규칙적이고 반복적으로 일어나는 현상이라는 뜻이다.

② "The processor shut down normally after 10 minutes of inactivity."
(프로세서는 10분 동안 사용하지 않자 정상적으로 종료되었다.)

- 여기서 "normally"는 "shut down" 뒤에 위치하며, 문장은 과거 시제이다. 따라서, 이 문장은 특정한 과거의 한 번의 사건을 말하며, 정상적인 방식으로 꺼졌다는 것, 즉 문제 없이 의도된 방식대로 종료되었음을 의미이다. 이 문장은 일반적인 행동이 아니라 그 당시 종료가 정상적으로 이루어졌는지 여부를 말하고 있는 것이다.

이 예에서도 볼 수 있듯이, 포스트에디터는 부사의 위치를 신중하게 선택하여야 한다. 특히, 그 부사의 수식을 받는 단어가 무엇인지 곰곰히 생각하여 정확한 의미를 전달하도록 하자.

(4) 변화량의 백분율인가 아니면 변화된 결과인가의 문제

원문 열처리로 인해 해당 구조 부재의 압축 강도가 90%로 감소했다.

Google | The compressive strength of the structural member was reduced by 90% due to heat treatment.

ChatGPT | Due to heat treatment, the compressive strength of the structural member was reduced to 90%.

Claude | "The compressive strength of the structural member decreased to 90% due to heat treatment."

'Reduced by 90%'는 원래 값이 100이라면 90% 만큼 감소하여 10이 되었다는 뜻이고 'reduced to 90%' 또는 'decreased to 90%'는 100에서 90으로 감소했다는 뜻이 된다(그래서 10%만 감소했다는 의미이다.) 사실 원저자가 더 정확한 표현으로 그 변화 폭을 설명해야 하는데, 그렇지 않은 경우라면 포스트에디터가 문맥이나 주어진 데이터나 도표 등을 참조하여 정확한 수치를 파악하도록 해야 한다.

(5) 'coat'와 'apply'의 문제

원문 "소자 코팅 단계는 제조한 코팅액을 제1 전극에 코팅함으로써 수행된다."

Perplexity | The device coating step is performed by coating the prepared coating solution onto the first electrode.

ChatGPT | The device coating step is performed by applying the prepared coating solution onto the first electrode.

Claude | "The device coating step is performed by coating the prepared coating solution onto the first electrode." Alternatively: "The device coating step is carried out by applying the prepared coating solution to the first electrode."

AI 번역기들이 'coat'와 'apply' 사이에 고민한 흔적이 보인다. 한국어 사용 습관상 '종이를 비닐로 코팅'하는 게 자연스러운 표현으로 보이지만, 덮는 물질은 'apply'되는 것이고, 감싸지는 물질이 'coat'되는 것이다. 따라서 한국어 원문에서 코팅액을 제1전극에 'apply'해서 코팅 단계를 수행하는 것이 맞다. 하지만, 사려 깊은 포스트에디터라면 한국어 원문에서 '코팅 단계'라고 이름을 붙였고 코팅액을 '코팅'한다고 했으니 'apply'라는 단어를 도입하는 것이 조금 부담스럽게 느껴질 수 있으며 아마도 'coat'라는 단어를 살리고 싶은 마음이 들 것이다. 이럴 때는 'by coating the first electrode with the prepared coating solution'이라고 수정하도록 하자 (coat + '속에 있는 것' with '표면이 되는 것').

5장

포스트에디팅을 잘하기 위해 필요한 역량은 무엇인가?

번역자의 역할이 점점 포스트에디팅으로 변해가고 있다면, 번역자는 포스트에디팅 역량을 길러야 한다. 번역과 포스트에디팅이 유사한 작업처럼 보이지만, 다른 점도 있다. 따라서 유사한 역량이 필요하기도 하지만 다른 역량이 필요하기도 하다. 번역을 연구하고 가르치는 학자들의 생각은 어떨까?

번역 역량

오브라이언은 "경험과 번역에 대한 확신이 포스트에디팅 수행에 있어 필수적인 요소"이며 "뛰어난 언어 능력, 전문적인 번역 기술, 기본적 언어학 지식, 기본적 용어 관리 기술, IT 기술, 기본적 언어기술 지식"이 포스트에디팅 과정에 필수적이라고 하였다.[28] 한국외대 이상빈 교수는(2018a, 2018b)는 기존 번역 역량이 포스트에디팅 수행의 핵심 역량이라고 하면서, 기본에 충실한 포스트에디팅 교육, 즉 언어 능력, 절차적 지식, 도구적 역량으로 대표되는 기본 번역 역량의 함양에 초점을 맞춘 맞춤형 교육이 필요하다고 하였다. 그러면서, 전문용어를 효과적으로 다룰 수 있어야 해당 분야 전문가와 비교했을 때 포스트에디터로서 경쟁력을 가질 수 있다고 강조하였다.[29] 중앙대학교 이준호 교수(2021a)는 기계번역보다 높은 수준의 번역 실력이 있어야 포스트에디팅의 필요조건이라고 하면서, 적절한 교육을 통해서 포스트에디팅 수행 능력을 발전시켜야 한다고 하였다.

---

28 O'Brien, S. (2002). Teaching post-editing: a proposal for course content. In 6th EAMT Workshop Teaching Machine Translation, 99-106.) (김순미. (2021). 번역 교육 지원 도구로서 기계번역(MT) 활용- 한영번역 포스트에디팅(MTPE) 수행에 대한 학습자 태도를 중심으로. 통번역학연구, 25(4), 51-80.에서 재인용).

29 이상빈(2018), 「학부 번역전공자의 구글 기계번역 포스트에디팅에 관한 현상학 연구」, 통번역학연구 22(1): 117-143; 이상빈 (2018b) 「국내학부 번역전공자의 구글 기계번역 포스트에디팅 과정(process) 및 행위 연구」, 번역학연구 19(3): 259-286.

공통적으로, 기존 번역자에게 필요한 역량, 특히 언어적 능력이 포스트에디팅에 중요한 역량임을 강조하고 있다. 숙명여대 김순미 교수는 언어 및 번역 역량 부족하면 기계번역 결과물을 그대로 가져와 사용할 가능성이 있다고 하였다.[30] 역시 좋은 번역자가 좋은 포스트에디터가 될 가능성이 높다는 데에는 쉽게 동의할 수 있을 것이다.

주제 지식

포스트에디터의 주제 지식 수준도 중요하다. 이화여대 김자경 교수는 포스트에디팅 작업에서 기계번역의 정확성 오류 수정 양상을 분석하였는데, 누락 오류, 다의어 오역 등의 쉽게 눈에 띄는 직관적 오류는 대부분 빠짐없이 수정되었으나 전문용어와 관련된 용어 오류, 구조 오역 등의 수정은 충분히 이루어지지 않았으며, 이러한 경향이 특히 관련 주제 지식이 부족할 때 두드러졌다고 하였다.[31] 동국대학교 마승혜 교수는 실제 경험적 사례 분석을 통해 텍스트 유형에 따라 포스트에디팅의 성취도가 달라질 수 있으며, 특히 정보적 텍스트 번역 시 텍스트적 연결성의 중요성을 강조하였다.[32] 이를 과학기술 번역에 적용해보면, 각 과학 기술 분야에 대한 전문 지식이 어느 정도 필요하며, 논문, 특허, 보고서 등 텍스트 유형에 맞는 포스트에디팅 전략이 필요함을 알 수 있다. 중앙대학교 정재혁 교수는 포스트에디팅 정확성에 대한 연구에서, 일부 포스트에디터가 '배

30 김순미, "번역 교육 지원 도구로서 기계번역(MT) 활용- 한영번역 포스트에디팅(MTPE) 수행에 대한 학습자 태도를 중심으로" 통번역연구소 25 (25): 51-80, 2021.

31 김자경(2022). 한영 포스트에디팅에서 정확성 오류의 수정 양상 고찰. 번역학연구. 23(5), 91-117.

32 마승혜 (2018). 한영 기계번역 포스트 에디팅에 대한 경험적 고찰 : 학부 교육 과정 및 결과를 중심으로. 통번역학연구. 22(1), 53-87.

경 지식이 부족해 구글 번역 결과물이 자신의 해석과 상충할 때 판단을 내리기가 어려웠다'라거나 '검색을 통해 도출한 자신의 번역적 판단이 구글 번역이 제시한 내용보다 더 신뢰할 만한지에 대한 확신이 없었다'라는 등의 소회를 남겼다고 하였다.[33] 주제 지식이 있는 번역자가 그렇지 않은 번역자보다 AI 번역문에 포함된 오류를 더 잘 식별해 낼 수 있다는 사실은 명백하다.

상당수의 과학기술 번역자들은 이공계 출신으로 자신의 전문 분야가 있다. 아마도 자신의 전공 그리고 주변 분야일 것이다. 필자는 화학공학을 전공했는데, 학부나 대학원에서 배운 과목들은 필자의 전문 분야로 모두 편입(?)시켰다. 기초 과학 중에는 화학, 생물학, 물리학이 포함되며, 유체 역학, 열역학, 양자 역학과 같은 역학 과목들도 학부 때 수강한 기억이 난다. 한때 생명공학에 관심이 많아서, 미생물학, 세포 생물학, 분자생물학, 발효 공학 등의 과목에도 기웃거렸는데, 나중에 번역하는 데 도움이 되었다. 학부 공통 과목으로 수강했던 재료 공학 개론과 (노벨상 후보로 거론되는 현택환 교수님의 열강으로 배웠던) 고체 화학도 이후 금속이나 무기 재료 분야 번역에 도움이 되었다. 대학원에서 배웠던 반도체 공정 역시 한국의 대표 산업인 반도체 및 디스플레이 분야 번역을 할 자신감을 갖게 해주었다. 필자의 예처럼, 이공계 전공자라면 자신이 수강한 모든 과목에 대해 적어도 용어와 개념 정도라도 이해하고 있으므로, 해당 분야 전문가라고 해도 된다. 그 정도의 주제 지식만 있어도, 인문/사회 분야 전문 번역자에 비해서, 과학기술 텍스트 번역에 많이 유리하다고 볼 수 있다. 인문/사회 분야 전문 번역자가 넘어야 하는 진입 장벽을 이미 넘고 들어와 있다고 할 수 있겠다.

---

33 정재혁. (2023). 영한 포스트에디팅과 인간 번역의 정확성 비교 - 정확성 오류 검증을 중심으로. 통번역학연구, 27(3), 177-201.

하지만, AI의 세상이 되면서, 누구나 쉽고 빠르게 필요한 주제 지식을 습득할 수 있게 되었다. 인문/사회 분야 전문 번역자라고 하더라도 과학 기술 분야에서 자신의 전문 분야를 한두 가지 만들 수 있으며, 자신의 언어 센스를 잘 활용한다면 이공계 출신 번역자를 거뜬히 이겨낼 수 있다.

일단 자신이 관심 있는 분야부터 출발하면 좋겠다. 자신이 소비하고 있는 물건 중 제일 관심 있는 것부터 지식을 넓혀 가는 것이 한 가지 방법이다. 자동차, 화장품, 패션, 음악 등 우리가 좋아하는 것들 모두 과학이 관련되어 있지 않은 것은 없다. 자신이 주식 투자한 기업이 하는 일에도 관심을 가지면 된다(내 주식의 변동성이 커질수록 자연스럽게 관련 분야에서 내 지식 수준도 올라간다). 특히 대한민국 기업들이 잘하는 반도체, 이차 전지, 조선, 화장품 산업에서 어떤 기술이 각광을 받고 있는지 알아보자. 신문 기사를 읽어봐도 좋고, 과학 커뮤니케이터의 강의를 들어도 좋고, AI에 물어봐도 좋다. 친구나 지인 중에 이공계 출신이 있다면 그들이 하고 있는 일에 대해서 미주알고주알 물어보자. 누구나 자신의 일에 대해 남에게 이야기하고 싶어 한다. 이들과 대화하는 것은 빠르고 쉽게 주제 지식을 쌓을 수 있는 기회다.

특히 번역자로서, 다양한 분야의 텍스트를 읽어보고, 궁금한 건 꼭 찾아보자. 내가 다니는 대학교 교내 뉴스에서 왜 특정한 연구 성과를 자랑하는지 이유를 알아보자. 내가 취업하려는 기업의 홍보 자료는 무엇에 관한 것인지 찾아보자. 내가 구매한 모바일 폰의 매뉴얼을 어떻게 번역되어 있는지 알아보자. 특정 산업 분야의 주식은 왜 오르거나 내리는 것인지 알아보자. 매년 배출되는 노벨상 수상자들은 각 분야에서 무슨 대단한 업적을 세웠길래 상을 받는 것인지 조금이라도 이해하려고 노력해 보자.

팩트 체크

앞서 언급한 연구 결과들, 그리고 과학기술 번역 포스트에디터로서 저자의 경험에 비추어 볼 때, 저자는 번역 역량과 주제 지식이 모두 중요하다는 데 동의한다. 부가적으로, 본 저자는 포스트에디터로서의 사실 관계 확인 작업을 강조하고 싶다. AI 번역 품질이 점점 향상됨에 따라, 비문이나 오역은 상당히 줄어들었다. 오히려, 포스트에디터는 수식 관계 오류나 원문 오류와 같은 것들에 대응하기 위해, 사실 관계를 확인하는 데 시간을 더 많이 소비하게 될 것이다. AI도 터무니없는 결과를 내놓는 경우가 종종 있으며, 틀린 결과를 정확한 분석인 것처럼 그럴 듯하게 제시하기 때문에, AI 사용자들은 쉽게 현혹될 수 있다(언제 AI가 '전 그건 잘 모르겠어요'라고 대답한 적이 있던가!). 번역자 자신의 주제 지식, 조사, 검색을 통하여, 그리고 여러 AI 엔진들을 잘 활용하여 두 번 세 번 사실 여부를 확인하는 것이 중요하다.

따라서, 번역 역량과 주제 지식에 더해, 특히 과학기술 번역 분야에서, AI 번역문이 담고 있는 사실 관계가 정말 사실인지 확인하는 역량을 포스트에디터의 필수 역량으로 꼽고 싶다. 여기에는, AI 번역문을 무오류의 기준 번역으로 받아들이지 않는 것, 다시 말해, 비판적으로 읽는 것(또는 끊임없이 의심하는 것)이 필요하다. 그리고, 귀찮음의 엄습에도 불구하고, 사실 관계를 교차 검증 또는 대조 확인(cross-check)하는 성실함이 필요하다. AI가 제시하는 결과물에만 의존하지 않고, 권위 있는 교과서, 학술 서적, 논문, 신문 기사, 다큐멘터리 등도 부지런히 확인하자. 여러 개의 AI 엔진을 비교해 보기도 하고, 사실 관계 확인에 집중하도록 정교하게 다듬은 프롬프트를 입력하여 더 정확한 결과를 얻어 보자.

비록 이러한 부가적인 노력 때문에 포스트에디팅 속도가 느려질 수도 있겠지만, 원문의 결정적인 사실 관계 오류를 찾아내어 지적해 주고, 더 나아가, 사실을 오류 없이 전달하기 위한 표현까지 제안해 준다면, 원저자는 무척이나 고마워할 것이며, 일감을 가져다 준 번역 업체도 포스트에디터로서 우리의 가치를 인정해 줄 것이다.

번역이 고도의 지적 노동이자 그 자체로 매우 고귀한 일이지만, 직업으로서의 번역은 그 직업에 종사하는 사람의 지식, 능숙함, 성실함 덕분에 더욱 빛나게 될 것이다. AI 시대에 뛰어난 포스트에디터로 변신하여, 번역자로서 자신의 가치를 증명할 때이다